私もできる
西洋史研究

仮想大学(バーチャル)に学ぶ

井上 浩一

和泉書院

読者の皆さんにお願い

　仮想(バーチャル)大学はその名の通り、実在いたしません。皆さんがこれから受講される西洋史の授業は、大阪市立大学で行なわれた講義・演習・講読をもとにしていますが、すべて架空の授業です。井上教授も学生諸君もバーチャルな存在です。くれぐれもお間違いのないようお願いします。

　しかしながら、実際に教室で授業を受けている臨場感を味わっていただけるよう、また西洋史の研究ができるようにと、さまざまの工夫をしました。そのひとつが仮想大学HPです。まさにバーチャルな世界ですが、本書を読んで、さらに勉強したいと思われた方は、是非HPにもお越しください。

▶ホームページ
http://www.izumipb.co.jp/izumi/virtual-u./
または 　和泉書院　仮想大学　　検索

目次＝カリキュラム

入学式　学長式辞　　　　　　　　　　　　　　　　　　　　　1

西洋史コース履修ガイダンス　　　　　　　　　　　　　　　　3

1年生——憶える歴史から考える歴史へ

前期「初年次セミナー」レポート作成法　　　　　　　　　　11
——大学生らしい勉強の仕方

第1週　開講——授業内容の紹介　　　　　　　　　　　　11
第3週　事前調査　　　　　　　　　　　　　　　　　　　16
第5週　文献・資料調査　　　　　　　　　　　　　　　　19
第11週　執筆　　　　　　　　　　　　　　　　　　　　　28
第12週　推敲　　　　　　　　　　　　　　　　　　　　　32
第15週　反省会　　　　　　　　　　　　　　　　　　　　35

後期「西洋史の見方」ギリシア・ローマの戦争　　　　　　　36
——歴史的な見方・考え方

第1週　序論——講義の概要と受講に際しての注意　　　　36
第10週　アクティウムの海戦——「ローマの平和」へ　　　41
〈1〉はじめに——「クレオパトラの鼻」　41
〈2〉紀元前1世紀のローマとエジプト　45
〈3〉カエサルとクレオパトラ（抄）　49

〈4〉アントニウスとクレオパトラ　50

〈5〉アクティウムの海戦とクレオパトラの最期　53

〈6〉おわりに——戦争と民主主義　55

第14週　まとめとレポート　58

2年生——西洋史研究の基礎を学ぶ

前期「西洋史基礎講読」タキトゥス『ゲルマニア』　61
——文献・史料の読み方

第1週　開講にあたって——通読・摘読・照読　61

第6週　摘読——テーマを絞って読み直す　66
　　　　報告「古ゲルマンにおける女性(1)」

第11週　照読——関連文献を読んでまとめる　72
　　　　報告「古ゲルマンにおける女性(2)」

第15週　報告の総括と批判精神　78

後期「西洋史通論」ビザンツ帝国の戦争　85
——知識・視野の拡大

第1週　序論——ビザンツ帝国史概観　85

第11週　十字軍とビザンツ帝国——聖戦をめぐって　88

〈1〉はじめに——講義は眠い？　88

〈2〉聖戦 holy war　90

〈3〉西欧文明と十字軍　95

〈4〉ビザンツ帝国と第1回十字軍　97

〈5〉第3回十字軍——イスラームと西欧（抄）　101

〈6〉おわりに——第4回十字軍余話　102

第14週　授業のまとめとレポート提出要領　104

3年生——西洋史研究法を実践的に学ぶ

前期「西洋史演習」古代末期の都市　　　　　　　　　107
——史料読解力の養成

第1週　開講——授業の進め方、テキストの説明　　　107
第3週　第1回報告（史料2-2-1）　　　　　　　　　116
第13週　自由研究発表「古代エジプトの女性」　　　　126
第15週　まとめ——史料を整理して小論文を書く　　　130

後期「西洋史講読」ドイツ語講読　　　　　　　　　　133
——外国語の専門書に挑戦

第1週　開講——ドイツ語と英語　　　　　　　　　　133
第3週　難解なテキストと格闘——ホームズとハンバーガー　145
第15週　まとめと慰労会　　　　　　　　　　　　　　153

4年生——卒業論文を書く

前期「西洋史特講」宗教都市コンスタンティノープル　157
——総合的な研究能力

第1週　序論——コンスタンティノープルの歴史と景観　157
第7週　聖テオドシア教会——薔薇モスクと女性聖人の伝説　160
〈1〉はじめに——薔薇モスクと女性聖人テオドシア　160
〈2〉レオーン3世の聖像破壊とテオドシア　165
〈3〉病気治療の聖人テオドシア——14世紀（抄）　172
〈4〉コンスタンティノープルの陥落とテオドシア　173
〈5〉おわりに——歴史は創られる　180

第14週　まとめ　　　　　　　　　　　　　　　　　　　　182

通年「卒業論文演習」合同発表会と個別指導　　　　　　184
　　　　　──学術論文の作成

　第1回合同発表会（4月）──テーマ決定　　　　　　　184
　第2回合同発表会（5月）──先行研究の整理　　　　　190
　第3回合同発表会（7月）──テーマ変更・寄り道・迷路　193
　第4回合同発表会（9月）──テーマ確定、史料への挑戦　197
　第5回合同発表会（11月）──構成の確定、執筆指導　201
　補講1　土壇場のメール指導　　　　　　　　　　　　204
　補講2　後輩への助言──新年度第1回卒論演習　　　206
　卒業論文口頭試問　　　　　　　　　　　　　　　　　211

卒業式　学長式辞　　　　　　　　　　　　　　　　　215

西洋史コース送別会　　　　　　　　　　　　　　　　217

仮想(バーチャル)大学 HP 項目リスト　　　　　　　　　　　　　219

　　　　＊本文中の✚マークはホームページに掲載しています。

入学式　学長式辞[1]

　新入生の皆さん、ご入学おめでとうございます。入学金〔1800円＋税〕を払えば誰でも入れるとはいえ、我が仮想（バーチャル）大学にみごと合格されたことを心よりお喜びいたします。

　本学の第1の特徴は、実にさまざまの人が学んでいるところにあります。高校新卒の人はもちろん、他大学で勉強していて満足できず本学に編入した人、学生時代にしなかった勉強を就職してから急にやりたくなった社会人、子育てが一段落して時間的余裕ができた主婦・主夫、定年後の生きがいとして博士号をとろうと一念発起した熟年学生など、いろいろな人がおられます。年齢・性別はもちろん、「前科」も問わないのが本学の特徴です。

　本学のもうひとつの特徴は、キャンパスがないので通学しなくてもよいことです。定期券を買う必要も、下宿を探す必要もありません。皆さんもすでに帯裏の『仮想大学入学案内』で御承知のように、本学は時間と空間を越えた大学です。仮想（バーチャル）大学として、365日24時間開講を自慢にしています。

　「誰でも、いつでも学べる大学」、それが我が仮想大学です。だからといって、程度が低いとか、卒業しても意味がない、というようなことはありません。新入生の皆さんには、このあと学部・学科・コースに分かれて履修ガイダンスを受けていただきますが、それぞれの学科・コースは個性的で、きわめて充実したカリキュラムを組んでいます。とくに文学部の西洋史コースは本学の自慢

です。何かの都合で他学部・学科に入学された方も、よければ西洋史コースのガイダンスを受けてみて下さい。

　それでは皆さんが本学で生き生きと学ばれることを願って、まことに簡単ではありますが、学長挨拶といたします。

2012年4月1日
仮想(バーチャル)大学学長　井　上　浩　一

西洋史コース履修ガイダンス

　西洋史コースに所属される新入生の皆さん、おはようございます。これから新入生のための履修ガイダンスを行ないます。

　本学の西洋史コースは普通の大学の西洋史講座とは少し異なります。皆さんは歴史が好きで、とくに西洋史に興味をお持ちですし、いろいろな本もすでに読んでおられるかと思います。本コースは、西洋史が好きだという皆さんのような人に、もう一歩進んで、研究者になってもらうための高度なカリキュラムを組んでいます。

　研究者なんて、なんとなく暗い感じがしてどうも、と思われる方もおられるかもしれません。しかし、研究をすると、歴史の面白さが実感できるようになります。また研究というと、何かひどく難しいことのように思えますが、本コースで4年間勉強すれば、いまは素人である皆さんも、卒業する時には一人前の西洋史研究者になっています。皆さんが4年後に提出する卒業論文は、間違いなく立派な学術論文となるはずです。

　授業開始に先立って、これから4年間にどのような授業を受けるのか、研究者になるためにどういう勉強をするのか、西洋史コースのカリキュラムについて説明します。お手元の『学科・コース案内』の西洋史コース科目一覧をご覧下さい。

『学科・コース案内』西洋史コース科目一覧

科目番号	科　目　名	履修年次	単位	担当者	備考（関連科目等）
101	初年次セミナー	1年前期	2	井上	全学共通科目
102	西洋史の見方	1年後期	2	井上	日本史の見方 東洋史の見方
201	西洋史基礎講読	2年前期	2	井上	ギリシア語 ラテン語
202	西洋史通論	2年後期	2	井上	日本史通論 東洋史通論
301	西洋史演習	3年前期	2	井上	西洋史演習S（※）
302	西洋史講読	3年後期	2	井上	3クラス開講（英・独・仏）
401	西洋史特講	4年前期	2	井上	西洋史特講S（※）
402	卒業論文演習	4年通年	4	井上	通年開講
007	卒業論文	4年通年	12	井上	口頭試問を含む

※は学外開講

　西洋史に関する科目が多数並んでいますが、なぜかどの授業も同じ先生が担当しています。看板教授の井上先生です。西洋史しか能のない分、熱心に教えてくれますので、安心して下さい。実は、今コース説明をしているこの私が、何を隠そう、井上です。看板も何も、西洋史コースただひとりの教員です。ついでに申し

ますと、学長もやっています。皆さんとは入学式でお会いしましたね。

　科目一覧表を見て下さい。ここに挙がっている科目は西洋史コースの必修科目です。西洋史コースに所属する皆さんは、科目番号101〜402の8科目を必ず履修しなければなりません。そして4年の終わりに卒業論文を提出してもらいます。これらの科目すべてに合格し、自由選択科目を含めて124単位をとりますと、卒業に必要な要件を満たします。単位というのはポイントカードのようなもので、ポイントを集めると景品がもらえるように、この表に挙げた科目を履修して単位を揃えますと、本学の卒業証書がもらえます。逆に言いますと、文学部の西洋史を卒業するためには、これらの科目を修得しなければならないというわけです。西洋史の他にも多くの科目が開講されており、科目表にもその一部を関連科目として挙げていますが、それらは適当に選択履修して下さい。ここでは西洋史コースの必修科目について、学年を追って説明します。

1年生──憶える歴史から考える歴史へ

　1年生のカリキュラムは、大学の勉強がわからない人、大学というところを誤解している人に、これが大学だ、ということを知ってもらうのを目的としています。具体的に言いますと、研究者への第1歩として、高校までのような暗記中心の歴史ではなく、<u>自分で調べ、考える歴史学</u>を体験してもらいます。そのために、「初年次セミナー」と「西洋史の見方」の2科目を必修としています。

◆前期「初年次セミナー」──大学生らしい勉強の仕方

　1年前期の「初年次セミナー」は全学共通科目、つまりいろいろな学部・学科の学生がいっしょに受ける科目で、レポートの書き方を中心に、図書館の使い方やパソコン活用法──入学式のあと全員にノートパソコンを配布しました──なども含めて、大学生らしい勉強法を学ぶ授業です。他学部の学生と一緒の授業になりますが、幸か不幸か、西洋史の皆さんは私の担当するクラスで受講してもらいます。初年次セミナーはこのガイダンスのあとすぐに開講です。

◆後期「西洋史の見方」──歴史的な見方・考え方

　後期には「西洋史の見方」という科目を受講して下さい。これも全学部の共通科目です。いわゆる講義科目で、先生が──私ですが──教壇から話す形式です。この科目は、「歴史は暗記物」という皆さんの固定観念を覆すことを目標としています。何年にどんな事件があったと憶えるだけではなく、その事件がなぜ起こったのか、どのような歴史的意味を持ち、後世にどういう影響を与えたのか、を考えることをめざしています。考えること、それが研究者への第一歩だからです。

2年生──西洋史研究の基礎を学ぶ

　2年になると、いよいよ西洋史を本格的に学びます。専門書を読む、原史料を分析・考察する、といった歴史研究の方法を少しずつ学んでゆきます。前期には「西洋史基礎講読」、後期には「西洋史通論」を必ず履修して下さい。なお、これらの科目では外国

西洋史コース履修ガイダンス　7

語の文献や史料に触れる機会もありますので、1〜2年生のうちに少なくとも2ヶ国語をしっかりやっておいて下さい。

◆前期「西洋史基礎講読」——文献・史料の読み方

　皆さんが最初に取り組む専門科目は、2年前期の「西洋史基礎講読」です。日本語の文献・史料をテキストとして、本の読み方やまとめ方を基礎から勉強します。さらに関連文献（含、英語文献）の探し方や読み方についての指導や、テーマを絞って文献を読みこなし、小論文をまとめる方法も指導します。文献をきちんと読めることが研究者の条件ですから、この科目でしっかり身につけて下さい。

◆後期「西洋史通論」——知識・視野の拡大

　全学部共通の「西洋史の見方」に比べて、はるかに高度な講義科目です。この講義は担当者が専門としているビザンツ帝国の歴史を扱います。講義を通じて、歴史的な見方、考え方を学ぶと同時に、西洋史に関する知識も広げてもらいます。この講義では参考文献が多数紹介されますので、前期の西洋史基礎講読で学んだ読書法で、順次読んでゆくようにして下さい。なお、参考文献として挙がっている本はすべて図書館に入っています。この授業でも図書館を活用しましょう。

3年生——西洋史研究法を実践的に学ぶ

　2年間の勉強で、西洋史研究法の基礎はしっかり身につけました。それをもとに3年次には、西洋史コースの核となる難しい2

科目に挑戦します。前期が演習、後期が講読です。いずれも英語または第2外国語（ドイツ語・フランス語）のテキストを使って行なわれます。<u>外国語の文献や史料の読解を通じて、卒論へ向けて、本格的な西洋史研究法を修得します。</u>

◆前期「西洋史演習」──史料読解力の養成

　前期は「西洋史演習」です。演習では英語の文献・史料をテキストとして使用します。テキストの読解のためには、英語の辞典はもちろん、さまざまの歴史事典、関連文献に当たらなければなりません。テキストと格闘しながら西洋史研究法を身につけて下さい。演習の一環として、個人の自由研究発表も行ないます。卒論へ向けての最初の本格的な研究発表です。なお、演習での自由研究発表をもとに、学年末に卒論準備レポートを提出してもらいます。

◆後期「西洋史講読」──外国語の専門書に挑戦

　後期は講読です。2年生の講読とは違って、こちらには基礎という言葉が入っていません。外国語の専門書を読む本格的な原書講読です。英語・ドイツ語・フランス語の3クラス開講していますが、できれば「ドイツ語講読」または「フランス語講読」を受講することを勧めます。複数の外国語を修得することは、西洋史研究者として必要なことですし、ドイツ語・フランス語を勉強しつつ英語に磨きがかけられるよう、指導方法を工夫しています。

4年生──卒業論文を書く

　西洋史コースでは、1年前期の初年次セミナーからはじめて、すべての科目を卒業論文の作成に向けて配列しています。4年生は、各科目で勉強したこと、そこで身につけた研究能力のすべてを卒業論文に注ぎ込んで下さい。幸い、西洋史コースは就職率100パーセント、「教授推薦即採用」ですので、就職活動に時間を割かれることはありません。きちんとした学術論文が書けるようにと、4年生には、前期の「西洋史特講」と前・後期を通して開講する「卒業論文演習」の2科目を必修としています。

◆前期「西洋史特講」──総合的な研究能力

　特講とは特殊講義の略です。何が特殊かと言いますと、まずテーマが特殊です。学術論文となるような細かいテーマで毎回の講義が行なわれます。次に、講義科目なのに演習や講読の要素が加わるのが第2の特徴です。つまり、史料を分析・考察しつつ講義が進められるのです。特講の授業は、テーマの設定から、先行研究の整理、論点の明確化、史料の分析・考察、結論の導き方など、皆さんが卒業論文を書く際にとても参考になります。学術論文作成に必要な総合力を養成する、4年生にふさわしい科目です。

◆通年「卒業論文演習」──学術論文の作成

　卒業論文の作成を指導する通年科目です。合同発表会と個別指導の二本立てで進めます。合同発表会は年5回行ないますので、必ず出席をして下さい。毎回の発表が積み重なって卒業論文に結

実します。個別指導は必要に応じて行ないますが、指導がていねいなあまり、先生が卒論を書いているようなことにならないよう、適当に手抜きします。卒論は自分で書くということを、今のうちから肝に銘じておいて下さい。学術論文が書けるだけの力は、西洋史コースのカリキュラムで養成されているはずです。自信をもって取り組んで下さい。

　なお、提出された卒業論文に関する口頭試問が行なわれます。口頭試問に合格して卒業論文の単位が認められます。

　以上が皆さんのこれから４年間のカリキュラムです。最後にもう一度繰り返します。西洋史コースで学べば、必ず一人前の西洋史研究者になれます。４年後に皆さんが提出する卒業論文を今から楽しみにしています。

　これで履修ガイダンスを終わります。それでは、仮想大学西洋史コースの開講です。

1年生──憶える歴史から考える歴史へ

前期 「初年次セミナー」レポート作成法
──大学生らしい勉強の仕方

第1週 開講──授業内容の紹介

井上「おはようございます。初年次セミナーを担当します文学部の井上です。専門は西洋史です。このクラスには、文学部の西洋史以外にも、いろいろな学部・学科の人がおられるようですね。」

初年次セミナーは、どの学部にも共通する、大学での勉強法の基本を学ぶ授業です。授業のテーマは「レポート作成法」で、ひとりひとり半年間かけてレポートを書きながら、大学生らしい勉強の仕方を身につけてもらいます。ここをしっかりやっておくと、あとあと楽になります。

西洋史コースの人たちは必修ですが、他学部の皆さんがこの授業を選択されたのは、多分、大学が発行している『**初年次セミナーへの招待**』（仮想大学HP）[↑]という小冊子をお読みになったからだろうと思います。本学は、入学したばかりの1年生に大学での勉強の仕方、高校までの勉強との違いを知ってもらい、今後4

年間、有意義な勉学生活を送ってもらおうと、初年次セミナーに力を入れています。是非受講してもらいたく、わざわざ小冊子を作って呼びかけているわけです。西洋史の学生は必ず受講するからということで、私もそのパンフレットに書きました。

　えぇー？、パンフなんか貰ってません？、読んでいないのですか？　困りましたね。どのような授業をするのかも書きましたので、読んでおいてもらうと助かるのですが、あっ、そこの人、パンフを持っていますね。2ページの「(2)初年次セミナーの内容」というところから、みんなに聞こえるよう大きな声で読み上げて下さい。声を出して読むのも基礎勉強のひとつです。

♥ 模擬店から大学院まで──初年次セミナーは役に立ちます

井上浩一（西洋史）

……

(2)初年次セミナーの内容

　初年次セミナーは大学での勉強の仕方を学ぶ入門科目です。レポートを書くという作業を通して、大学での勉強法を身につけることを目標としています。授業内容を簡単に紹介しておきます。

①テーマの決定

　レポートのテーマは各自が自由に決めます。どんなテーマでもかまいません。ただし、なぜそのテーマを選んだのかを、みんなの前できちんと説明してもらいます。

②**事前調査**（図書館参考図書室にて開講）

　図書館の参考図書室で辞典などを使って、それぞれのテーマに関する予備調査をします。

③仮アウトラインの作成

レポートの大体の構成を考えます。壮大な夢を描く人、つつましい計画になる人、どちらが良いとは言えません。個性ですね。

④文献・資料調査（図書館端末室にて開講）

図書館の端末室で司書の人から文献検索について指導してもらいます。そのあと文献調査を実際にやってみます。

⑤文献・資料の読解（＋自宅学習）

これは大部分が自宅学習です。初年次セミナーは授業に出ていれば単位が取れるというわけにはゆきません。

⑥中間発表

ある程度まとまってきたところでレポートの中間発表会です。各人の発表に対して質疑応答と相互評価をします。

⑦最終アウトラインの作成

中間発表でみんなの意見も聞いて、いよいよ執筆ですが、その前に詳しい目次を作っておきます。

⑧執筆（＋自宅学習）

これも大部分は自宅学習です。書けた部分を提出して先生に見てもらいます。

⑨推敲（＋自宅学習）

どうすれば読みやすく、わかりやすい文章になるのか、実践訓練をします。

⑩仕上げ

形式や参考文献表など、ちょっとした工夫でレポートの点数が上がることがあります。

反省会（図書館喫茶室で開講）

最後の授業は反省会という名目の茶話会です。ただし、誰も反省はしません。……

そこまでで結構です、ありがとう。そのあとはあまり大きな声で読まない方がいいような内容ですね。今読んでもらいましたように、この授業ではひとりひとり自分のテーマを設定してレポートを書いてゆきます。1学期かけてひとつのレポートを書き上げるわけですが、作成のポイントがいくつかあります。毎回の授業でその点をお話します。最初に『**レポート作成の手引き**』(仮想大学HP)↑という冊子を配ります。1冊ずつ受け取って下さい。そこに、今読んでもらったレポート作成の手順がもっと詳しく書かれています。ゆき渡りましたら、ポイントとなるところを少し説明します。

……(中略)……

レポート作成の手順をひととおり説明しました。あとでゆっくり手引きを読んで下さい。残った時間でビデオを見てもらいます。『新・図書館の達人』というシリーズの「レポート・論文作成法」というビデオです。登場人物は沙織さんと千春さん、沙織さんはレポート作成の手順をふまえてきちんと書き、千春さんは出たとこ勝負で書く、結果は如何に？、という30分のビデオです。

　　……ビデオ始まる。案の定、千春さんはレポート作成に失敗する。……

ビデオはここまでです。もう授業時間はほとんどありませんね。それでは来週のことを話します。『**レポート作成の手引き**』↑の1ページを開いて下さい。来週は「1、テーマの決定」です。この授業でどんなテーマのレポートを書くのかを、ひとりずつ自己紹介を兼ねて、みんなの前で発表してもらいます。これから1週間よ～く考えて下さい。発表時間はひとり3分です。3分を馬鹿にしてはいけませんよ。ずいぶん長い時間です。ちゃんと考えて来

ないと「経済学部のPです。レポートは三国志の諸葛孔明をやります」と5秒で終わりです。あと2分55秒の沈黙に耐えられますか。

　テーマ決定の参考までに、先輩が書いたレポートをいくつか紹介しておきます。『レポート作成の手引き』↑の18ページを見て下さい。

> ### ♥「初年次セミナー」期末レポートの例
> ◦ 新・中立国スイス──中立の変化から見るスイス近代史（商学部）
> ◦ 鎌足──古代日本における姓名と氏族（経済学部）
> ◦ 政治家　菅原道真（法学部）
> ◦ カエサルと三頭政治（文学部）
> ◦ 大阪のホームレスとタイの貧困層（理学部）
> ◦ 神隠しの実体（工学部）
> ◦ エリクソンの自己形成史──時代と社会のはざまで（医学部）
> ◦ 孤独の皇妃エリザベート（生活科学部）

　実物も回覧します。皆さんも学期末にはこんな立派なレポートが書けるのです。『政治家　菅原道真』なんか、すごい分量ですね。中身も濃い大レポートです。そういえば、西洋史とは関係のないテーマも多いですね。皆さんも自分の関心に従って自由にテーマを決めてもらって結構です。それでは、出席カードを提出してもらって今日は終わります。また来週。

第3週　事前調査

井上「おはようございます。今日は図書館で事前調査です。このあとみんなで参考図書室へ行きますが、その前に教室で簡単な説明をします。」

先週の「1、テーマ決定」は面白かったですね。いろいろなテーマが出て、ツッコミどころ満載のけったいなテーマもありました。自己紹介も傑作な人が多くて、楽しいクラスになりそうです。初年次セミナーはいろんな学部の人がいますので、友だちの輪が広がってゆきます。休まないように毎週出席して下さい。

最初にお土産を配ります。フォルダとカードです。これからレポートに取り組んでゆくと資料がどんどん集まってきますが、それを入れるファイル・フォルダをひとり2枚配ります。いろいろなデータを書き記す情報カードも、ひとり1冊（100枚）渡しておきます。フォルダが一杯になったり、カードがなくなったら、今度は自分で買って下さい。勉強すればするほど、お金がかかります。学生諸君も大変ですね。そこで少しでも援助しようと、コピーカードも用意しました。これは学長のポケットマネーからのサービスです。図書館や生協のコピー機で使えます。さっそく今日の授業で使ってもらいましょう。

それでは今日の事前調査について説明をします。『レポート作成の手引き』の1～3ページにもあるように、テーマが決まったら次にするのは「2、事前調査」です。そこでは「パウロ」を例にとって説明しています。調べ方は同じですから、あとで皆さんそれぞれ参考図書室で、自分のテーマについて事前調査をして

下さい。

　事前調査の方法はいろいろあります。ネットで「パウロ」を検索するというのが、もっとも手軽な方法ですね。フリー百科辞典『ウィキペディア Wikipedia』なんか便利です。でもちょっと待って下さい。大学図書館に入っている図書や辞典は確かなものばかりですが、インターネットのHPは玉石混淆で、なかには便所の落書きのようなページもあります。無知な人がネットに頼りすぎると、場合によっては「とんでもレポート」になってしまいます。注意して下さい。

　一番確かで、信頼できるのは図書館が提供してくれる情報です。<u>まずは図書館で調べて、基本的なことをしっかり勉強したうえでHPを利用しましょう</u>。本学の図書館がどこにあるのか知らない人、利用者証を貰っていない人はまさかいないでしょうね。

　図書館へ行ったらまず2階の参考図書室に行きます。参考図書室は図書館の玄関です。そこには辞典や文献案内があり、自分のテーマについて大雑把なところを知ることができます。百科事典（平凡社・ブリタニカ・小学館）や『世界歴史大事典』『西洋史辞典』『古代ローマ人名辞典』などで、パウロや原始キリスト教について大体のところを調べます。なお歴史関係の辞典は分類番号の200番台です。テーマがパウロですから、キリスト教関係の辞典なども参照します。こちらは190番台、『キリスト教人名辞典』も詳しくて便利です。辞典などに書かれていることは、文献探しをはじめ、これから行なう本格的な勉強のために必要な基本事項です。

　辞典を調べるときにはクロス・レファレンスをします。つまり「次の項目も見よ」と指示されている項目も引いてみるのです。

索引も活用して下さい。次々とみてゆくと、いろいろなことがわかってきます。わかったことはノートかカードに書きとっておきます。参考文献が挙げられていたら、それは別に<u>文献リスト</u>として書き抜いておきます。どちらかというと、ノートよりもカードの方があとでまとめる時に便利です。さっき配った情報カードを活用して下さい。カードの上手な使い方はいずれ授業で説明します。

時代背景として、ローマ帝国やユダヤ王国についても大体のことを調べておきましょう。『世界歴史大事典』や『歴史学事典』などの歴史事典の他、百科辞典も使えます。調べたことは同じようにカードにとっておきます。必要ならコピーもとっておきましょう。<u>キーワードの確認</u>も忘れないように。このあとの文献調査で必要になります。

なかにはこれだけ調べただけでレポートを書く人もいるようですが、ここまでは小手調べ。予備知識のある人は省いてもかまいません。事前調査で、どうもこのテーマは調べるのが大変そうだということがわかれば、深入りしないうちにテーマを変更します。このテーマでレポートが書けるのかを確認するのが、事前調査をするもうひとつの理由です。もっともパウロは超有名人ですから、文献も多いので心配は要りません。

井上　「私の説明はこれだけにしておきます。百聞は一見に如かず、ちょっと違うな、「習うより慣れろ」ですか、これから図書館に行き、参考図書室で事前調査をします。ノート、カード、ファイルを忘れないように。じゃ、図書館へ行きます」。

♠ 参考図書室で

　井上　「これから各自、自分のテーマについて事前調査をして下さい。それぞれのテーマに関する基本的なデータの収集です。わからないことがあれば、私もこのあたりをうろうろしていますので、遠慮なく訊いて下さい。私にもわからないような質問は、レファレンス係の人に尋ねます。」

　まず百科事典で「パウロ」を引いてみよう。パウロの活動を詳しく記しているのは新約聖書の『使徒行伝』であることがわかりました。聖書にはパウロが書いた手紙も載っています。参考文献も見つかりました。佐竹明さんの『使徒パウロ』（日本放送出版協会）です。さっそく情報カードっと。３枚だけですが、早くも研究者になったような気分です。

……（中略）……

　井上　「そろそろ終わりの時間です。事前調査の成果はありましたか。おおっ、カードやコピーが大分たまっていますね。集めた資料や情報は、整理してノートパソコンに入力しておいて下さい。文献目録の作成やキーワードの確認も忘れないように。それじゃ、今日はここで終わります。来週は教室で仮アウトラインの作成です。」

第5週　文献・資料調査

♠ 教室で事前指導

　井上　「こんばんは、全員揃っていますね。先週提出してもらった仮アウトラインを確認しました。今から返却します。」

　先週は仮アウトラインを作りました。まずは第１章でパウロの

生涯を概観したあと、裁判に焦点を当てて……、時代背景に注目せよと先生も言っていたから、ローマ帝国のユダヤ支配についても1章とって、……ああでもない、こうでもない、と自分なりの構想を練るのは、けっこう楽しかったのを思い出しました。

レポートの大枠（アウトライン）を作ったのは、大体の章立てを考えてみることによって、このあと何を調べればよいのかがわかるからです。これからはこの仮アウトラインを道案内として作業を進めてゆきます。仮アウトラインができたら次は、冊子3ページの下の「4、文献・資料調査」、今日は図書館で文献調査実習をします。

事前調査は小手調べで、これからが本格的な勉強です。──むしろ研究と呼びたいですね。研究者へ向けての道はもう始まっています。パウロ個人や原始キリスト教史、古代ローマ史に関するもう少し専門的な文献を探します。まずは本学の図書館にある本から探しましょう。図書館にある文献を探すためには、参考図書室のOPACを使います。各自のノートパソコンからも接続できますが、便利な学内限定サービスは利用できません。ところで、OPACを英和辞典で引いたら「Online Public Access Catalogの略」とありました。何のことかわからないのでOnline Public Access Catalogを引いたら、「オンラインパブリックアクセスカタログ」となっています。どこが英和辞典や、とツッコミを入れたくなりますね。コンピュータ関係の横文字崇拝は目に余ります。

それはさておき、OPACとは、ネットで誰でも使える図書目録という意味です。誰でも使えるのですが、使い方にはコツがあります。うちのOPACは繰り返し改良されて、以前よりもずっと使いやすくなりました。それでも、とんでもない文献を教えた

りして、こいつアホちゃうか、というようなことも時々あります。上手に検索するにはOPACの癖を知っておくことが必要です。検索のコツは何度も文献検索をしてゆくうちに身につくのですが、その要点を今日の検索実習で図書館の人に教えてもらいます。

♠ 図書館実習

　井上　「それぞれコンピュータ端末の前に座って下さい。今日の実習のために図書館から司書の方が来て下さっています。テキストもいつもの『レポート作成の手引き』[+]ではなく、図書館が作って下さった実習プリントを使います。プリントには問題集も付いていて、ひと通りやると文献や資料の探し方がわかるようになります。それではよろしくお願いします。」

　図書館Xさん　「司書のXです。今日の実習、前半は私の方から図書館の使い方、文献の探し方を説明します。後半は皆さんそれぞれ自分のテーマで文献を探してもらいます。それではまずモニター画面を見て下さい。」

『ライブラリー・ガイダンス──西洋史入門編』(仮想大学HP)[+]

…… (中略) ……

　井上　「Xさん、ありがとうございました。これから各自で自由検索です。文献検索でわからないことがあれば、図書館の人に直接質問して下さい。毎年、私が質問に答えていると、司書の人から『先生、違います。もっと便利な方法があります』と言われて恥をかいてます。なるべく私には訊かないように。また、西洋史の大学院生も手伝いに来てくれています。みんな文献調査の達人なので、院生に質問してもらっても構いません。それでは始め

て下さい。」

　コンピュータには簡易検索画面が出ています。検索画面は簡易版と詳細版の両方ありますが、ちょっと調べるのは簡易検索で十分です。キーワード欄に、探したい文献のタイトルを入れてみましょう。キーワード欄のところへポインタを動かしてマウスを左クリックします。

　熟年学生　「ポインタって何んですか？　マウス？　クリック？？……。」

　井上　「コンピュータ横文字の呪いですね……。院生のＫ君、いま手を挙げた人のところへ行って、教えてあげて下さい。」

　「パウロ」と入力します。「パウロ」という言葉を含む本を探せという命令です。しばらくすると「パウロ」という言葉を含む本でうちの図書館にあるもののリストが出てきます。おっと48冊もある。嬉しくなって見てみると、『子どもってすばらしい』という本もありました。？？　出版社が女子パウロ会です。『サンパウロ』？……ブラジル移民の本も挙がっています。コンピュータは馬鹿正直になんでもかんでも拾ってしまうので、これは使い物にならない、というような本もリストには含まれています。たとえば、東ゴート王国について調べようと思って、「ゴート」と入力したら、44件ヒットしました。本命の『東ゴート興亡史』の他に、なぜか『江戸の色ごと仕置帳』という面白そうな本も含まれています。東ゴート王国を調べていたのに、なぜ江戸の色ごとになったのか、わかりますか？　ああ、そうか！

　それでもパウロに関する本がかなり見つかりました。木下順治『パウロ　回心の伝道者』など使えそうです。とりあえずメモしましょう。参考文献リストを作るときには、著者名・書名・発行

所・発行年度という４つの書誌データを書きます。本を借りるために分類番号（請求記号）・配架場所もチェックしておきます。買うつもりなら定価も。ページ数をチェックして分厚いのはやめる？　おいおい。

　もっと文献を探してみよう。そうです、それが大切です。一冊見つかったから、それを読んでまとめるのはまだまだ素人。研究者なら文献調査を徹底的にしなければ……。今度は詳細検索をしてみましょう。いろいろな条件から検索できます。たとえば件名の項目に「パウロ」と入れて、同じように検索をクリックしてみましょう。件名検索とは、たとえ表題に「パウロ」がなくても、「パウロ」と関係のある文献を探せという意味です。４件だけです。もっと探そうと、件名を「キリスト教」でやってみると1214件。多すぎるのも困りますね。複数のキーワードで検索することもできます。その場合、あいだに空白を入れて下さい。「古代　キリスト教」と入れてみると47件、「ローマ　キリスト教」だと26件。文献検索する時には、小さすぎず、大きすぎないぴったりの件名で検索する、そして巧みな掛け合わせがコツです。そのためには、そのテーマに関する基礎的な知識が必要です。事前調査が必要な理由です。

　そうだ、さっきの木下さんが他にも似た本を書いているかもしれない、ようし、今度は著者名で検索してみよう。そうです、これが芋ヅル式文献調査法です。著者名に木下順治と入力して検索すると、５冊見つかりました。残念ながら例の本以外はパウロとは直接関係なさそうです。

　図書館Ｙさん　「井上先生、ちょっとすみません。うちのOPACは賢いので、さっきの木下順治『パウロ　回心の伝道者』の画面

で、木下順治のところをクリックしてもらうと、木下さんの本がすぐに出るんです。」

　井上　「私の無知、今年も出ましたね。」

　笑いをとったおかげで、検索の調子が出てきました。事前調査で確認した佐竹明『使徒パウロ』も探してみることにします。「佐竹明」で検索してみます。出てきません。

　図書館Yさん　「念のため、「佐竹　明」と姓と名のあいだに空白を入れてみて下さい。」

　キーワードはなるべく細かく区切って検索するのがコツです。ところが「佐竹　明」でもだめでした。『使徒パウロ』はうちの図書館にはないようです。基本文献なのですが……（仇討ちとばかり司書のふたりをにらむ井上教授）……とりあえず、『パウロ　回心の伝道者』を読んでみることにしましょう。借りるためには請求記号が必要ですから、それも書き抜きます。文献カードをもって３階の開架図書室へゆくと、あった！　本棚は分類番号順に本が並べられていますから、隣に同じテーマの本が見つかるはずです。もうこんなに参考文献が見つかって困ってしまう、ということになるかもしれません。

　図書館Xさん　「またまたすみません。『パウロ　回心の伝道者』の下の方にある「分類」というところをクリックしてもらうと、同じ分類番号の本がリストアップされます。本棚まで行かなくてもいいかもしれません。文献検索の基本がわからない人は、「**OPACで図書を探してみよう**」**（仮想大学HP）**↑を見て下さい。」

　返り討ちに遭いました。今度は誰も笑いません。『パウロ　回心の伝道者』を、他の人が借りてしまう前に早い目に借りておこう。結構ですね。しかしあまり早く借りすぎると、レポートの追

い込みの時に返却期限が来てしまいますよ。

　木下さんの本を閲覧室でパラパラと読みましたが、なかなか難しそう。読んでいてキリスト教に関する知識の不足を痛感しました。ローマ帝国についてもわからないことが多い。辞典を中心とした事前調査だけでは、まだまだ基礎的な知識が不充分です。次に、初歩的な、一般向けの入門書を読もうと思いました。そういう場合は、キリスト教史概説や世界の歴史シリーズなどが手ごろです。図書館にも何種類か入っています。——**『レポート作成の手引き』**↑9ページを見て下さい。

　木下さんの本は役に立ちそうですが、分類番号にもあるようになんといっても神学の本です。もっと歴史に即した文献も探したいものです。そうだ、世界の歴史シリーズに弓削達『ローマ帝国とキリスト教』があった。これを読んでみよう。弓削さんがもっと他にも書いているかもしれない。著者名で調べてみよう、ある、ある。またも芋ヅル式文献調査法。

　パウロの裁判はキリスト教の歴史にとって重要な事件でした。先週作った仮アウトラインも、レポートの中心をパウロの裁判においていました。もう少しパウロの裁判に関する文献を探したいものです。「パウロ」と「裁判」を掛け合わせて検索しても文献は見つかりません。どうすればよいのやら。ここで生きてくるのが事前調査です。パウロの活動が『使徒行伝』に記されていることは辞典などで確認しました。『使徒行伝』を扱った文献を探せば、パウロ裁判関係の本が見つかるかもしれません。さっそく探してみましょう。簡易検索に「使徒行伝」と入れて……、おおっ、M.ヘンゲル『使徒行伝と原始キリスト教史』が見つかった。

　さらに調べてゆくと、トロクメという人が『使徒行伝と歴史』

という本を書いているということもわかりました。これも読んでみよう。「トロクメ」と入れると2冊、『聖パウロ』という本がありました。これは先にパウロで検索した時にも出てきたもので、『使徒行伝と歴史』は見つかりません。

どうしてもパウロをやりたいA君　「それでは原書を探そう。OPACで……、うん？　どうやりゃいいのや？」

隣に座っていたBさん　「私に任せなさい。簡易検索の欄にローマ字でTorokumeと入れると、……あらっ、ないわ。」

井上　（偉そうに）「君たちの探し方が悪い。洋書の場合、原綴りを入力しなさい。トロクメさんはフランス人、Trocméさんです。検索欄にTrocméと入れると、ほうらごらん、……さっきの2冊だけ。」

A君・Bさん　（気の毒そうに）「…………」

井上　（気を取り直して）「相手がフランス語ですから、手ごわいんです。簡易検索では無理です。詳細検索をやってみましょう。著者名にTrocméっと、――やっぱり日本語の2冊だけ。横文字を入れても日本語の本が出るのか……、とにかくうちの図書館にはないんですね（また図書館の人をにらむ）。」

図書館Yさん　「すみません、予算の都合で買えない本も結構あるんです。」

A君　「前期はパウロに賭けているので、なんとかもっと本を探して読もうと思います。いざとなれば、トロクメの原書も読んでみようと思います。」

図書館Xさん　「何を賭けてるのか知りませんが、それなら国会図書館のOPACを検索して下さい。うちの図書館HPからも入れます。」

大学のOPACと同じように、著者名・書名・件名などから文献を調べることができます。さすがは国会図書館、佐竹明さんの本がたくさん入っています。納本制度といって、日本で発行された本は必ず国会図書館に入りますから、国会図書館OPACを使えば日本で出た本はすべて検索できます。大学図書館にない本についても情報を得ることができるのです。

「パウロ」で検索すると632件も出てきました。『サンパウロからアマゾンへ』というようなやつは無視して、これはという本の書誌データを写し取り、他の図書館で探してみましょう。もっと徹底的に探したい人は、WebcatPlus、CiNii Books、さらには海外のデータベースの検索もできますが、たかが2単位のためにそこまですることはないでしょう。それじゃ卒論です。

CiNii Articlesや国会図書館の『雑誌記事索引』を使った学術論文の検索は、2年生の基礎講読という科目で実際にやってみます。洋書を探すには、まず日本語のやや専門的な本の参考文献を見ましょう。

今日も確認しましたように、必要な文献がすべてうちの大学で揃うわけではありません。また1冊しかない本を誰かが借りてしまったということもよくあります。学生生活のうちには、他の図書館を利用しなければならないことがきっとあります。公共図書館なら学生証をもってゆけば大丈夫です。他大学の図書館を利用するのには、うちの図書館窓口で紹介状（閲覧依頼状）を発行してもらいます。

井上「時間が来ました。今日はこれで終わりですが、次の時間に授業がない人は、続けて文献調査をしてもらって結構です。院生は残ってくれますので、わからないところがあれば尋ねて下

さい。1週間で参考文献目録を作って、来週提出して下さい。宿題です。」

第11週　執筆

　井上　「こんにちは、先週提出してもらいました最終アウトラインを返却します。最終アウトラインはレポートの設計図です。文献調査の前に作った仮アウトラインと比べてどうですか。調べているうちにテーマも具体的になってきたし、章・節の構成も随分詳しくなりましたね。」

　最初、パウロの裁判について書こうと思っていましたが、パウロ書簡を読んでいるうちに、彼の女性観が気になってきました。女性蔑視ではないかと思うのです。仮アウトラインから変わっても構いませんと、先生が言っていましたので、いっそのこと女性に焦点を絞ってまとめよう、とテーマを変えることにしました。その結果、ローマやユダヤにおける女性の地位などを調べる必要が出てきて、もう一度図書館で文献調査をしました。パウロ関係の文献だけではなく、女性史の本も何冊か読みました。両方調べて損したような気もしますが、その分レポートに膨らみができそうです。研究というのは、このように思わぬ方向に広がったり、回り道や試行錯誤をするものです。

　この段階までくれば、しっかりした予備知識ができていますから、HPも大いに利用しましょう。要領は同じです。キーワードを並べて入れて、検索をクリックします。パラパラと（HPを大雑把に見てゆく時の表現はカチカチかな）見てゆきましょう。使えそうなページがあれば、ダウンロード・印刷しておきます。HP

のアドレスと参照した日付も忘れないように。<u>出典を明示することが、学術論文はもちろん、レポートでも必要です。</u>

　井上　「いよいよ今日から執筆です。書き始める前に、ひとりずつ順番に10分間で中間発表をしてもらいました。みんなの前で自分のレポートの内容を話す、話を聞いてもらうというのが、レポートをまとめるのに役立つということが分かったでしょう。」

　卒論も同じです。４年生になると卒論合同発表会というのが定期的にあって、先生や先輩の院生、友人を前にして壇上で30分くらい話してもらいますが、発表することで卒論が一気に進むんですね。そういうわけで、この授業でも中間発表会を開催しました。発表をする時にどのような点に注意したらよいのか、通知表のような用紙を使って、ひとの発表に点数をつけましたね。他人の発表を批評するのは自分の勉強にもなります。研究者の仕事のひとつに学会発表というのがありますが、授業での口頭発表や卒論の合同発表会は、学会発表の小型版です。

♥ レポート中間発表──評価項目

問題提起（扱う問題が明確に示されているか）
　　　　　　　　　　　　　　　　　　　　　５、４、３、２、１

論旨の展開（問題提起から結論まで論理的に構成されているか）
　　　　　　　　　　　　　　　　　　　　　５、４、３、２、１

論拠の適切さ（正確で客観的な根拠に基づいて論証しているか）
　　　　　　　　　　　　　　　　　　　　　５、４、３、２、１

結論（明確な結論が出されているか）　　　　　５、４、３、２、１

話し方（話す速さ、声の明瞭さ、制限時間）　　５、４、３、２、１

総合評価（報告者の主張が理解できたか）　　　５、４、３、２、１

この他に、「笑いをとったか？」「ツッコミを入れたくなったか？」というような項目も入れようかとも思ったのですが、やめときました。確かにユーモアのある発表というのは良いことですし、ぜひ質問したくなるような報告も良い報告なのでしょうが、逆の場合もありますからね。無茶苦茶な話で笑うしかなくて５点とか、「なんでやねん」というツッコミがぴったりの報告ではね。

Bさん「あのぅ、私は関西出身と違いますから、『なんでやねん』というツッコミがよくわかりません。」

そうですか、とりあえず自分で自分にしょうむないことを言って、「なんでやねん」とツッコンでみて下さい。「で」にアクセントをおいて繰り返しやると、卒業までには習得できます。それはともかく、発表に関する評価のポイントは、執筆の際の注意事項ともほぼ重なります。

井上「手元の最終アウトラインを見て下さい。各章・節で書くことをまとめた最終アウトラインが出来上がれば、レポートの完成まであとわずかです。」

いろいろ調べて資料が揃いました。コピーやプリントを入れたフォルダが２冊、３冊と増えてきました。ノート・カードを整理したパソコンのファイルもかなりの量になりました。パウロの主張やローマ社会における女性の地位についてだいぶ分かったような気がします。集めた資料を最終アウトラインをもとに整理してゆけば、書くことはそれほど大変ではありません。

文章を書いているうちに自分の考えがまとまったり、よくわからない点が出てきたりしますから、とりあえず下書きを書いてみることです。序論から書く必要はありません。アウトラインがしっかりしていれば、まとめやすそうなところから書き始めてもか

まいません。充分に調べて自信のある「第3章　パウロの女性観」から書いてゆき、そのあとで古代ローマの女性の第2章を書いて、それから4章の結論へゆくというのでも構いません。序論はむしろ最後に書くのが普通です。

　書いているうちに資料の不足に気づいたり、この点をもう少し調べなければならないといったことがわかったりします。この場合もまた、「4、文献・資料調査」に戻って、調べ直しです。今回は調べる対象がはっきりしていますから、自分でもびっくりするほど調査が進みます。読むのもスラスラ読めます。勉強すればするほど、勉強は楽になる、ということです。

　最初から完璧な文章を書こうと思うと、筆が進みません。来週以降、繰り返し推敲をしますので、とりあえずメモ書きくらいのつもりで、書いて下さい。今日はこのあと時間の終わりまで、各自執筆です。

　　　……学生はせっせと執筆、先生はボーと見ている……

♥ レポートの目玉

　まとめようとしたら、同じことについて、本によって書いてあることが違うのを発見したりもします。正反対のことが書かれている2枚のカードを見て、「困ったなあ、どうしよう」と思わないで下さい。本によって違うところは、もっと調べてみる値打ちがあります。よく調べて自分はこう考える（本の著者やHPの作成者に「あんたは間違ってる！」と言ってやる）というところまでゆければ、レポートの目玉になるでしょう。

井上　「時間が来ました。書いている途中かもしれませんが、

ここで今日の授業は終わります。構想が固まり、資料が揃っていると、自分でもびっくりするほど筆が進むでしょう。残りは宿題とします。来週、1章分の下書きを提出して下さい。

　問題はこのあとです。「書けた！　レポート提出‼」というわけにはゆかないのです。何度も書き直す、推敲をしなければなりません。来週は推敲の仕方を勉強して、さらに執筆を続けます。それじゃ、また来週。」

第12週　推敲

　井上「おはようございます。宿題の下書きを提出して下さい。私の方で読んで、朱を入れます。その部分は書き直しです。今日は、どんなふうに推敲するのかについて、先輩のレポートを例にとって説明します。皆さんの下書きも来年の教材になりますので、覚悟しておいて下さい。」

　まずは概論。小学校から作文の時間にこんな風に習ってきませんでしたか？「思った通りに書きましょう」「見た通りに書きましょう」って。思った通りに、心に浮かぶまま、すなおに文章を書いたらどうなるか？……ひどい文章になります。今、私がしゃべっていますよね。これまさに、思った通り、心に浮かぶままに話しています。話したことをそのまま文章にしたら（口述筆記とかテープ起こしと言います）、とても読めたものではありません。私も対談記事で痛感したことがあります。パウロの手紙がわかりにくかったのも、多くの場合、口述筆記のためなのです。

　<u>正確でわかりやすい文章を書くために一番大切なのは推敲です。</u>下書きを読み直し、意味の通りにくいところ、あいまいな表現、

無駄な繰り返し、論理の飛躍……を点検します。本格的な推敲の仕方についてはまた別の授業でやりますから、今日のところはとりあえず、先輩の下書きを見て、どう直せばよいのか、考えてみて下さい。それじゃ、プリント**『推敲の実例』(仮想大学HP)**↑を配ります。きちんと印刷されているのが先輩の下書き、汚い字で書きこんでいるのが私の添削です。

　　……先輩の下書きがビシビシ訂正されている。みんな複雑な気持ち。明日は我が身か……

　文章術の本としては、本多勝一『日本語の作文技術』(朝日文庫)を推薦します。その一部を紹介しましょう。修飾の順序という章です。ここに1枚の紙があります。白い紙です、横の罫線が入っています。触ってみると厚手です。要するに、いつも使っている情報カードですね。さてこの情報カードがどんな紙かを説明する文を書いてもらいます。見たまま、思った通りに書いてみましょうか。白い色がパッと目に入ります。よく見ると横線が入っています。手に取ってみたらわりと分厚い紙でした。というわけで、

　　「白い、横線の入った、厚手の、紙」⇒「白い横線の入った
　　厚手の紙」

となります。これはおかしいですね。そもそもカードの横線は薄い水色ですよ。

　紙にかかる修飾語の順番を変えてみましょう。これが推敲です。順番をそっくり反対にすると、

　　「厚手の横線の入った白い紙」

となります。これもおかしい。だってカードには細い横線が入っているのです。こうなったら全部の表現を比べてみましょう。順列組み合わせで3×2×1の6通り。そのうちまともなのは2つ

だけでした。「横線の入った白い厚手の紙」と「横線の入った厚手の白い紙」です。最初のふたつはもちろん、「白い厚手の横線の入った紙」と「厚手の白い横線の入った紙」もだめですね。

　実は、この修飾語の順序というのが皆さんの文章の一番大きな欠陥です。推敲のポイントですね。「太郎が花子に次郎を紹介した」という文章の場合、英語ですと、主語の「太郎が」が先頭、動詞の「紹介した」が次で、Taro introduced Jiro to Hanakoと語順が決まっていますが、日本語の場合は動詞が最後となる以外、その他の語順は比較的自由です。「次郎を花子に太郎が紹介した」でもちゃんとした日本語です。だから順序に無頓着になるのかもしれませんね。でも、この文章で花子に「私が死ぬほど大好きな」という修飾語がついていると、「太郎が」「花子に」「次郎を」の3つの文章構成要素を並べる6通りの文章に差が出てきます。そのまま並べますと、

　　「太郎が私が死ぬほど大好きな花子を次郎に紹介した」

となりますが、なんとなくおかしいですね。「私が死ぬほど大好きな花子を太郎が次郎に紹介した」などの方が的確で読みやすい表現です。さらに、どちらの文章でも読点「、」を入れるとより分かりやすく、読みやすくなりますね。句読点にも注意しましょう。

　修飾の順序や句読点の他にも、推敲のポイントはたくさんあります。先輩の添削プリントには、「『は』の使い方に注意！」とか「接続詞を用いよ」という先生の書き込みがありました。

　井上　「添削プリントをみたり、本多さんの本を読んだりして、注意点を確認しておきましょう。推敲も「習うより慣れろ」なので、来週もう一度やります。それじゃ今日はここまで。」

第15週　反省会

井上　「こんにちは、全員揃っていますか？　それでは出来上がったレポートを提出して下さい。」

おおっ、きれいな表紙を付けましたね。目次も参考文献表もあって、見栄えのする立派なレポートになりました。皆さんの努力の結晶です。

今日はこれから打ち上げ茶話会です。憶えていますか、最初の時間に『**初年次セミナーへの招待**』[＋]というパンフレットを読んでもらいました。あの時、最後の「反省会」というところまで読んで、「そのあとはあまり大きな声で読まない方がいいような」とかなんとか言って、読むのをやめましたね。今年はどんな反省会になるのか、それじゃ、図書館の喫茶室に行きましょう。

A君　「先生、あそこはお酒もおいてますよ。へへへ……」

井上　「わかってます。未成年の人、いますか？……いませんね。」

> ……レポートの自慢と雑談で盛り上がって、今年もまた、誰も反省しない反省会になります……。今日の授業が終わると、365日開講の仮想大学もとりあえず夏休みです。

後期 「西洋史の見方」ギリシア・ローマの戦争
―― 歴史的な見方・考え方

第1週　序論 ――講義の概要と受講に際しての注意

　井上　「こんにちは。西洋史の井上です。皆さんは、前期の初年次セミナーで、読み書きや図書館の使い方、パソコン活用法といった大学での勉強の基本を身につけたと思います。後期は「西洋史の見方」という授業を受けてもらいます。」

　この授業は科目名にある通り、歴史的な見方、歴史学の発想や考察とはどんなものかを学びます。前期がどちらかというと技術中心だったのに対して、後期は歴史的なものの見方、考え方といった点に重点があります。「ギリシア・ローマの戦争」をテーマとしていますが、何年にどことどこが戦争をして、どっちが勝ったといった事実を知ることよりも、そういった戦争について学びながら、歴史の問題について考えてゆきます。この授業の副題は「憶える歴史から考える歴史へ」です。<u>考える歴史、これが大学の歴史学、西洋史学なのです</u>。研究者とは知識が豊富な人ではなく、その知識をもとに考える人です。西洋史研究者として必要な姿勢をこの授業で身につけて下さい。

　15回の講義それぞれのテーマは『履修概要』にある通りです。

　♥「西洋史の見方」　2単位、1年生後期、担当　井上
　ギリシア・ローマの戦争――憶える歴史から考える歴史へ

> **1、序論——講義の概要と受講に際しての注意**
> **2、トロイア戦争——英雄アキレウスは死ぬ運命**
> **3、第1次神聖戦争——「神聖な」戦争？**
> **4、ペルシア戦争——戦争によって民主政治が発展する？**
> **5、ペロポネソス戦争——ギリシア・ポリスの世界大戦**
> **6、アレクサンドロスの東方遠征——地の果てまで続く大遠征**
> **7、ポエニ戦争——ハンニバルも勝てなかったローマの強さ**
> **8、イタリア奴隷戦争——剣闘士奴隷スパルタクスの戦い**
> **9、ガリア征服——カエサルとウェルキンゲトリクス**
> **10、アクティウムの海戦——「ローマの平和」へ**
> **11、第1次ユダヤ戦争——究極の二者択一「自由か死か」**
> **12、マルコマンニ戦争——哲人皇帝を悩ませたゲルマン人**
> **13、ゲルマン民族の侵入——ローマを滅ぼした「野蛮人」**
> **14、まとめとレポート**
> **15、レポート講評（補講）**
> 評価方法：期末レポートと平常点（授業時間のミニ・レポート）

　この授業では、そこに挙げた順にギリシア・ローマ時代の戦争について学びます。知っている、聞いたことがある戦争や人物はどれくらいありますか？　授業に先立って簡単なアンケートをします。授業の進め方の参考にしますので、アンケート用紙の各項目について、(1)知っている、(2)聞いたことがある、(3)聞いたこともない、の３択で答えて下さい。(1)知っている、に○をつけた人は、知っていることを簡単に記して下さい。しばらく回答時間をとります。

　　　　　　　……（中略）……

よろしいですか、それじゃアンケート用紙を提出して下さい。

今日はこれらの戦争について簡単に説明することで、古代ギリシア・ローマの歴史の流れを理解してもらいます。参考文献は毎回の授業で紹介しますが、ギリシア・ローマ史全体については、桜井万里子・本村凌二『ギリシアとローマ』（中央公論新社）を挙げておきます。年表や詳しい参考文献も載っています。また、皆さんには少し難しいかもしれませんが、この授業と同じタイトルの、H. サイドボトム『ギリシャ・ローマの戦争』（岩波書店）という本もあります。

それでは始めます。プリント①の年表を見て下さい。ギリシア・ローマ史の略年表です。授業で取り上げる戦争は太字にしておきました。それからプリント②の図【ギリシア・ローマ史の流れと戦争】も見て下さい。今日は、これらの戦争について簡単に説明しつつ、ギリシア・ローマの歴史をざっとたどっておきます。

これから毎週このような調子で、板書しながらしゃべります。これが講義という授業形式です。講義の場合、一番大切なのはノートの取り方です。ノートをとる時には、黒板を写すだけではなく、私がしゃべることも書いて下さい。聞きながら、ここは大事だと思うところはきちんとノートをとるということです。どこが大事なのか、それを見抜かなければなりませんね。私の場合、ここはしっかり理解してほしいというところを繰り返す癖があるようです。何べんもうるさいな、わかってるがな、と言わず、そこをノートです。先生によっては大事なところは声を小さくする人もいます。うまい方法ですね。

それから、プリントに記したことは黒板には書きませんから、注意して下さい。ノートにはプリントの番号も書きこんで下さい。

ただし「資料プリント①参照」などと書いていると間に合いませんから、プ①と略記して、あとでプリントと対照させて、ノートを完成させて下さい。ノートの実例『**講義ノートの取り方**』(**仮想大学HP**)↑も配ります。

　もとに戻って、講義です。まず来週はトロイア戦争です。叙事詩人ホメロスが伝えるトロイア戦争は、神話・伝承のなかの戦争で、歴史的事実なのか、空想の物語なのか、微妙なところです。なにしろ神様も人間と一緒になって戦っているのですから、何が何だか分からない奇妙な戦争です。古代ギリシアの神様というのは、ずいぶん人間的な神様で、嫉妬はする、夫婦喧嘩はするという具合で、武器を持って戦場に乗り込むくらい朝飯前です。しかも嬉しいことに、相手にやられても絶対に死なない──不死というのが神様の特徴です──ので安心して戦えるのです。ゲーム感覚ですね。

　かつてまったくの作り話と考えられていたトロイア戦争は、19世紀になってトロイアの遺跡が発掘され、火事の跡も見つかって、今日では、何らかの戦いがあり、それをもとに語り継がれてきた伝承を、ホメロスという詩人がひとつの作品『イリアス』にまとめ上げたと考えられています。来週はトロイア戦争を通じて、ギリシアの遠い昔──ポリス以前の時代──について勉強します。

　第3週は「第1次神聖戦争」です。トロイア戦争は英雄アキレウスの活躍など、皆さんも聞いたことがあると思いますが、こちらの方は誰も知らないでしょう。先ほどのアンケートでも、多分、全員が「(3)聞いたこともない」と回答したと思います。かくいう私もよく知りません。授業計画を立てる時に、どの戦争にしようかな、と本や年表を見ていて、神聖な戦争という矛盾した名称に

魅かれてテーマに入れてみました。このあと調べて講義ノートを作りますが、講義の準備がうまくできないようならやめて、他の戦争にします。講義概要と違うことになりますが、大学ではよくあることです。辛抱して下さい。

　それはともかく、第1次神聖戦争は神託で有名なデルフォイをめぐる戦争で、水道に毒を入れて町を攻略したという化学兵器のはじまりのような戦いです。戦争と合わせて、ギリシア人の信仰の中心であったデルフォイの神託についても勉強しましょう。

　第4週は誰でも知っているペルシア戦争です。聞いたことない？ペルシア戦争も知らない？……。『300スリーハンドレッド』という映画を見た人いるでしょう。スパルタ王レオニダスが、わずか300人の兵士で100万のペルシア軍を迎え撃つという話です。テルモピュライの玉砕ですね。私は高校生の時、英語の時間にこの話を習いましたが、発音に苦労しました。ペルシア王クセルクセス、英語ではXerxesなんですが、どう読むのか、悩んだ思い出があります。

　そういえばいっしょに出てきたcomb（髪をとかす）の最後のbは発音しないということも知らなかったですね。ペルシアの斥候がスパルタ軍の様子を見に行くと、兵士たちは髪をきれいに整えていたのです。髪型に気を配るなんて、何と軟弱な奴らだと馬鹿にして、ザクシーズ王に報告すると、事情をよく知っている者が、そうではない、これは恐ろしい戦いになる、と説明します。スパルタ兵は死ぬ覚悟で戦う時に、髪をとかす（コウム）のだ、と。詳しいことはいずれ授業で話します。

　　　　　　　……（中略）……

井上　「ローマが滅びたところで、ちょうど時間が来ました。

来週から本論です。来週は英雄アキレウスのトロイア戦争を話します。それじゃ。」

第10週　アクティウムの海戦 ——「ローマの平和」へ

井上「おはようございます。寒いですね。この授業も今年は今日が最後で、次回は年明けになります。そろそろ期末レポートの準備を始めて下さい。レポートについては今日の授業の最後に説明します。今日のテーマは「アクティウムの海戦」です。資料プリント2枚揃っていますか、では始めます。」

〈1〉はじめに——「クレオパトラの鼻」

「アクティウムの海戦」って聞いたことありますか？　知らない人、手を挙げてみて下さい。多いですね……。「憶える歴史から考える歴史へ」だから、知識の量は問題ではないとはいっても、西洋史を研究しようという人は、これくらい知っておいて下さい。

プリント①を見て下さい。『角川世界史辞典』の「アクティウムの海戦」の項目です。「前31年ローマ帝国の覇権をかけてアントニウスとオクタウィアヌス（アウグストゥス）が戦った海戦」とあります。少し飛ばして続きも読みます。「アントニウスとクレオパトラの艦隊がアグリッパ率いるオクタウィアヌス軍に敗北し、ローマの内乱は終息した」とあります。基礎知識に欠ける人は、このように、勉強する時に手元に歴史事典を用意して下さい。辞典が揃っている参考図書室で勉強するといいですね。プリント①の『角川世界史辞典』など買っても損はないと思います。小さいけれど便利な辞典です。

クレオパトラというのは、美人で有名なエジプト女王クレオパトラ7世（在位、前51〜30年）です。英文コースの授業でシェイクスピアをやった人は『アントニーとクレオパトラ』を知ってますね。アントニウスの自害を知ったクレオパトラが、「おお、アントニー、私はあなたのもとへ参ります」とか、なんとか。このアントニーとはアントニウスのことです。前期の初年次セミナーでも、人名や事項の検索語に注意するように言いましたが、これなんかも要注意です。賢いOPACならアントニーで検索しても、アントニウスの本や論文を拾ってくれますが、たいていは馬鹿正直です。

本論に入る前に早くも脱線ですが、クレオパトラといえば、有名な言葉があります。聞いたことあるでしょう、「クレオパトラの鼻がもう少し低かったら、世界の歴史は変わっていただろう」という、17世紀の哲学者パスカルの言葉です。プリントの③を見て下さい。Le nez de Cléopâtre, s'il eût été plus court, toute la face de la terre aurait changé. すみませんフランス語で、しかも難しい条件法です。英語の仮定法過去完了にあたります。フランス語をやっていない人は辛抱して下さい。訳してみます。「クレオパトラの鼻、それがもっと短かったなら、地球の全表面は変わっていただろう。」なんか変な感じですが、これが直訳です。nez は英語の nose、court は「短い」で英語の short です。shortにも背なんかが「低い」という意味がありますね。皆さんはまだ1年ですが、卒論になるとドイツ語やフランス語の論文を読みます。そのために、3年生には第2外国語で専門書・学術論文を読むという、夢のような（悪夢のような？）授業もあります。

パスカル——世界ではじめて計算機（コンピュータ）を作ったことでも知られて

います——の言葉についてもう少し続けます。大切なことを言いますから、しっかり聞いて下さい。<u>歴史における個人の役割、あるいは偶然という問題</u>です。

　アクティウムの海戦の時にクレオパトラがエジプト王であったのはたまたまのことなのですが、クレオパトラが美人だったことが、本当に世界の歴史に大きな影響を与えたのでしょうか。あるいは、先に勉強したアレクサンドロス大王という個人がいなければ、その大帝国やヘレニズム文化も存在しなかったのか、それとも、クレオパトラやアレクサンドロスがいなくても、歴史は同じことになったのか。答はありません。でも歴史学の大きな問題です。そういえばパスカルにはもうひとつ有名な言葉がありますね。「人間は考える葦である。」さすがにいいことを言いますね。考えるからこそ人間、歴史研究者なのです。この授業のキャッチコピーを憶えていますか？　そう「憶える歴史から考える歴史へ」でした。

　本論に入ります。最初に、今日お話するアクティウムの海戦が、歴史のなかでどういう位置づけなのかを説明しておきます。プリントの②【ギリシア・ローマ史の流れと戦争】を見て下さい。最初の時間に配ったのと同じ図です。手書きの汚い図ですが、この「ギリシア・ローマの戦争」という授業のまとめも兼ねていますので、この図は毎回の授業で確認してきました。今日も見ます。右の方に「アクティウムの海戦」とあって線で囲んでいます。この戦争が今日のテーマです。

　最大の敵であったカルタゴを滅ぼし（前146年）、スパルタクスの奴隷反乱（前73～71年）を鎮圧したローマはさらに発展を続けます。先週勉強したカエサルのガリア征服を経て、ついには地中

海世界全体を支配するに至るのです。その最後の戦争がアクティウムの海戦です。

　地中海世界に残された最後の独立国家——ユダヤ王国も名目上独立国家でしたが、実質的にはローマの属国でした、ユダヤについては来週話します——がプトレマイオス朝エジプト王国、その最後の王様がクレオパトラです。アクティウムの海戦に負けて、エジプトは征服され、ローマが地中海世界を統一することになるのです。「ローマの平和 Pax Romana」と呼ばれる時代の到来です。

　プリント①の辞典でも見ましたように、アクティウムの海戦は、ローマのふたりの有力将軍オクタウィアヌスとアントニウスの戦いでした。この戦争は、ローマとエジプトの戦争であるとともに、ローマ内部の戦いでもあったのです。アクティウムの海戦を最後に内乱の時代は終わります。この戦いに勝利したオクタウィアヌスは、4年後、初代のローマ皇帝になりました。ここからローマの歴史は帝政時代に入ります。いろいろな意味で時代の画期をなす重要な戦争、それがアクティウムの海戦です。

　今日の授業は「アクティウムの海戦」というタイトルですが、戦争そのものについてはあまり話しません。実際、戦いの途中でクレオパトラが逃げ出して、あっけなく決着がついてしまいました。そういうわけで、戦いよりも、戦いに至る経過を中心に話します。とくに、皆さんも関心があるでしょうから、クレオパトラについて詳しく話すつもりです。それではまず時代背景から説明します。

〈2〉 紀元前1世紀のローマとエジプト
(1)ローマ──内乱と征服

　時代背景について、まずローマからです。ローマ史では、紀元前2世紀末からの約100年を「内乱の1世紀」と呼びます。先に勉強したスパルタクス奴隷反乱をはじめ、内乱が続いています。有力な将軍が台頭し、権力を掌握しようとしました。独裁者の出現を抑えて、共和政を維持しようとする元老院がこれに対抗します。しかも有力将軍は、お互いのうちで誰が覇権を握るかをめぐって激しく争います。

　時には有力者のあいだで、元老院に対抗するため同盟が結ばれることもありました。前60年の第1回3頭政治はそのひとつです。カエサル、ポンペイウス、クラッススの3人が、それぞれの権限を尊重することで妥協し、大きな力を持っている元老院に対抗しようとしたのです。カエサルについては先週詳しく話しましたし、あとのふたりもスパルタクスの反乱のところで紹介しましたので、ここでは述べません。しかしながら、2度にわたって成立した三頭政治も、2度とも有力者が対立して、結局内戦になっています。

　またまた脱線ですが、やはり皆さんに考えてほしい問題です。年表からもわかりますように、「内乱の1世紀」はローマが征服を進めた時代でもありました。先週、カエサルのガリア征服について勉強しました。同じ時期に東地中海世界へも進出してゆきます。プリント⑥の地図を見て下さい。アレクサンドロスの大帝国が分裂して生まれた、いわゆるヘレニズム諸王国は次々とローマに征服されてゆきました。セレウコス朝シリア王国も、前64年にポンペイウスに征服されてローマ領となりました。

　内乱と領土拡大が並行したのが紀元前1世紀のローマです。で

も、ちょっと変だなあと思いませんか。普通なら、国内が乱れるとそれに付けこんで外敵が侵入し、その国は衰退する、滅びるというんじゃないでしょうか。ところが古代ローマでは逆の現象がみられました。なぜローマは内部で争いを繰り返していたのに、どんどん領土を広げることができたのでしょうか。歴史の勉強をするうえで大切なのは、「なぜ」という問いかけです。歴史の見方、西洋史の見方の第1歩は「なぜ」にあります。やがて皆さんが書く卒論も、その出発点に「なぜ」という問いかけがあって学術論文となるのです。

　小さな子供が大人に「なぜ？」「ねえ、なぜなの？」としつこく聞くように、皆さんも「なぜ？」「なぜ？」と歴史に問いかけて下さい。高校までの勉強ですと、あまり「なぜ」「なぜ」を繰り返すと、ひょっとしたら先生から、「そんなことはどうでもええから、しっかり憶えなさい。そやないと、大学に受からないよ」と叱られるかもしれません。仮想大学では逆に「なぜ」を大切にします。研究者養成の大学ですので、考えることを重視します。その出発点が「なぜ？」なのです。

　もとに戻ります。ローマが地中海世界を次々と征服してゆき、最後に残ったのは、ローマから一番遠かったエジプト王国でした。それでは、エジプトに話を移します。

(2) プトレマイオス朝エジプト王国

　今度はエジプト王国の状況を見てゆきます。プリント⑦の年表を参照しながら聞いて下さい。エジプト王国は豊かな国でした。今日のエジプトからは想像しにくいかもしれませんが、当時は地中海世界の穀倉と言ってよい豊かな農業地域だったのです。また、

都のアレクサンドリアはヘレニズム文化の中心でした。有名な図書館があり、世界の七不思議のひとつの大灯台もありました。しかしながら紀元前1世紀になると、内紛が続くようになります。そこへローマの勢力が及んでくるのです。普通の国はこのパターン【内紛⇒外敵の侵入⇒滅亡】をとるのですね。やはりローマは特別なのでしょう。

　前80年、プトレマイオス11世がローマの将軍スラの支援を受けてエジプト王となりました。しかし彼は市民の反感をかってたちまち殺されてしまいます。あとを継いだのがプトレマイオス12世（在位、前80～51年）です。プリントの系図を見て下さい。クレオパトラのお父さんです。「笛吹き王」と綽名されています。遊び人だったようですね。

　前65年、プトレマイオス11世の遺言状が公開されました。今頃？という感じですが、ローマの陰謀だったようです。遺言状には「王国をローマに遺贈する」とありました。これを口実として、カエサルはエジプトを征服しようと考えます。しかし、この計画は元老院の強い反対に遭って実現しませんでした。このあとカエサルは、先週勉強したように、ガリアの征服へ向かうのです。

♥ ローマ史の謎を考える

　先ほどの疑問に少し手がかりが見えたような気がしませんか。なぜ紀元前1世紀のローマでは内乱と征服が平行して進んだのか？　有力な将軍たちは、内部での権力争いに勝ち抜くために外国を征服したのです。では、なぜ外国を征服すると内乱に勝てるのか？　その秘密はローマ国家の性格にありそうです。ローマは

> 戦争ばかりしていた国です。指導者には優れた軍人がふさわしい、と人々は考えていました。しかも国家の重要な役職は選挙で決めていましたから、権力争いに勝つためには、市民の支持を得ることが重要でした。だから有力者は競って、征服で名声を挙げ、戦利品を兵士や市民に配って人気を得ようとしたのです。内乱が征服の原動力だったのかなあ？

　戻って前59年、プトレマイオス12世はカエサルに頼んで、エジプト王の地位を認めてもらいました。その代償としてキプロス島をローマに割譲しています。ローマに従うことで生き延びてゆく、エジプト王国の苦悩です。不満を持つエジプト人が反乱を起こします。プトレマイオス12世は娘クレオパトラを連れてローマに亡命しました。ようやく前55年になってローマの援助でプトレマイオス12世は復位します。その際に活躍したのがアントニウスでした。クレオパトラとの出会いもこの時だったようです。アントニウス27歳、クレオパトラ14歳。25年後に並んで埋葬されることになるふたりの運命の出会いです。51年、プトレマイオス12世が死に、18歳のクレオパトラが、弟のプトレマイオス13世（10歳）と共同で即位します。

　クレオパトラがエジプトの女王となったのは以上のような経過です。ローマの勢力が及んでくるなか、なんとか生き残ろうとするエジプト王国。ローマでは有力な将軍たちのあいだで、誰が単独支配者となるのか、誰がこの豊かなエジプトを征服して凱旋するのか、激しく争っています。その争いに巻き込まれてゆくクレオパトラ。ただ、エジプト側もローマの軍事力に圧倒されていただけではありません。ローマの内乱を利用し、カエサルなど有力

将軍を相手に、国の存亡をかけた駆け引きを展開します。クレオパトラという存在、彼女が女性であること、しかも言い伝えでは絶世の美女であったことが、この歴史にどれほどの影響を与えたのでしょうか。最初の疑問「クレオパトラの鼻」に戻りました。その点を考えながら、このあとの歴史を見てゆきましょう。

〈3〉カエサルとクレオパトラ（抄）

　エジプトへ手を伸ばしたローマの将軍、クレオパトラと関係をもったローマの将軍のひとりに、先週勉強したカエサルもいます。まずはカエサルとエジプトとの関係を見てゆきましょう。クレオパトラが絨毯にくるまってカエサルのもとに運ばれる、という逸話が有名ですが、実は、本当は少し違う話だったのが、どこかで脚色されたようです。それはともかく、ふたりはしばらく一緒に暮らし——ナイル川クルーズなんか楽しんでいます——、クレオパトラはカエサルの子供を産みました。系図を見て下さい。カエサルのただ一人の子供です。エジプトではプトレマイオス15世、ローマではカエサリオン（小カエサル）という名で呼ばれます。雑談はこれくらいで、カエサルの三頭政治に戻って、本論です。

　　　　　　……（中略）……

　前46年クレオパトラは子供カエサリオンを連れてローマへ行きました。そしてカエサルが暗殺される44年まで滞在しています。

　カエサルが殺されたあと遺言状が公開されました。人々が注目したのは跡継ぎでした。遺言状は養子のオクタウィアヌス（のちの初代ローマ皇帝アウグストゥス）を指名していました。実子のカエサリオンやクレオパトラのことはなにも書かれていませんでした。クレオパトラはがっかりしてエジプトに戻ります。このあと

勉強するアントニウスと比べて、カエサルは冷徹な人だったようです。シェイクスピアもカエサルとクレオパトラでは戯曲にできなかったのでしょう。

〈4〉アントニウスとクレオパトラ

　独裁権を握っていたカエサルが暗殺されたあと、元老院の共和派が政権を握りました。カエサルを殺したブルートゥス──「ブルータス、お前もか！」で有名な人物です──たちです。そういえば、最初の時間に予備知識のアンケートをした時に、さすがにカエサルは、ほとんどの人が「(1)知っている」に〇を付けていました。ところが、知っていることを簡単に書いて下さい、というところに「『カエサル、お前もか！』という言葉で有名」と書いている人がいて、失礼ながら笑いました。それも、ふたりもいて、思わず「お前もか！」とツッコミを入れてしまいました。これじゃ「憶える歴史」ではなく、うろ覚えの歴史ですね。

　まもなく民衆の支持を背景にカエサル派が巻き返します。カエサル派は、養子のオクタウィアヌスとカエサルの部将であったアントニウスが中心となって、第２回３頭政治（前43年）を結成して元老院に対抗します。カエサル派と元老院派は前42年のフィリピの戦いで激突しました。戦いに先立って、双方ともエジプト王国に援助を求めています。女王クレオパトラはあいまいな態度に終始しました。支援した方が負けたら困ったことになる、国の存亡に関わりますから、エジプトの立場からいえば当然でしょう。

　戦いは軍事力に勝るカエサル派の圧勝となりました。実質的にはアントニウスの勝利と言ってよいと思います。軍事的才能ではオクタウィアヌスをはるかにしのぐ名将でした。戦いのあと、ア

ントニウスはクレオパトラを呼び出して、どうして味方しなかったのか問い詰めようとします。答によってはエジプトも征服するぞ、というわけです。呼び出しをかけたのはタルソスという町です、地図で確認して下さい。続いて、その隣のプリント⑨『プルタルコス英雄伝』アントニウス26章も見て下さい。船に乗って現われたクレオパトラは、まるで美の女神アフロディテのようだったとプルタルコスは述べています。クレオパトラは美しさと教養でアントニウスを虜にした、と。プリント⑩はその続きです。戦争国家ローマの指導者、無骨な将軍と、ヘレニズム文化の都アレクサンドリアの優雅な女王が対照的に描かれています。クレオパトラは美人だったのか、という時にいつも引用される有名な一節です。

　このあと、アントニウスはクレオパトラを追ってエジプトへ行き、前41年から40年にかけてクレオパトラと暮らします。40年、クレオパトラは双子を産みました。もう一度系図を見て下さい。アレクサンドロスとクレオパトラです。この一族は同じ名前が多いですね。区別するためでしょうか、アレクサンドロスにはヘリオス（太陽）、娘クレオパトラにはセレネ（月）という綽名が与えられました。それにしてもすごいですね。クレオパトラはカエサルの子、アントニウスの子を産んでいるんですよ。

　前40年、アントニウスは3頭政治を固めるために政略結婚をします。オクタウィアヌスの姉オクタウィアを妻に迎えたのです。彼女はローマ女性の鑑といわれた貞淑な妻だったと言います。アントニウスは、ローマ人の理想の女性オクタウィアと、絶世の美女、エジプト女王クレオパトラの板挟みになりました。どちらをとるか決断を迫られるのです。しかもこの選択は、単に男女の問

題ではなく、ローマの歴史、エジプトの歴史にかかわる問題でした。ここでも歴史における個人の役割という「クレオパトラの鼻」が関わってきます。

　ローマの覇権を握るためには、オクタウィアヌスとの決戦は不可避である。そのためにクレオパトラを味方とすることは有利なのか。クレオパトラと結べばエジプトの富を手に入れることができる、しかしローマ市民の感情を逆なでするかもしれない。アントニウスは迷ったと思います。結局、クレオパトラを選びました。選択するにあたって政治的・軍事的配慮の他に、クレオパトラに対する思い、愛情でしょうか、も入れたのか、私にはよくわかりません。クレオパトラとのあいだに子供、しかもただひとりの実子がありながら、クールな遺言状を残したカエサルや、このあと登場する、怜悧な政治家オクタウィアヌスとは違うタイプの人だったようです。

　ひとつ指摘しておきたいのは、アントニウスはクレオパトラに肩入れすると同時に、カエサリオンを引き立てたことです。「諸王の王」という地位を与えました。ローマ市民のあいだでのカエサルの人気に配慮したものでしょう。こちらがカエサルの正統な後継者だと、養子のオクタウィアヌスに対するあてつけでしょうか。

　カエサリオンはともかく、ローマ市民のあいだでは、どちらかといえばアントニウスを支持する者が多かったようです。将軍としての実績には圧倒的な差がありました。国家の指導者として名将アントニウスがふさわしいと考えられたのでしょう。友人たちはクレオパトラと縁を切ることを勧めました。そうすれば市民の支持を得て、オクタウィアヌスに勝てると。確かに、オクタウィ

アヌス派のアントニウス攻撃は、もっぱらクレオパトラに向けられていました。悪女クレオパトラ、その色香に迷ったアントニウスと宣伝したのです。

しかしアントニウスは友人たちの忠告を無視したばかりか、ついに前32年、オクタウィアと離婚します。その結果、オクタウィアヌス派への寝返りが続出しました。ローマ女性の鑑、貞淑なオクタウィアを捨てて、妖婦クレオパトラに走ったアントニウス、と評判はガタ落ちです。ついでですが、アントニウスの離婚について、私はオクタウィアに対する計らいではなかったかな、と思います。妻として夫に尽くさなければならない、弟と夫に挟まれたオクタウィアの辛い立場を思いやっての離婚ではなかったか……。武骨な将軍だったとプルタルコスは記していますが、女性に対する思いやりのある人だったのかなあ、と。こんな想像も「考える歴史」の面白さですね。もっとも、そういう週刊誌的な話題にハマると、肝心の研究がおろそかになってしまいます。要注意！

時は至れりと、オクタウィアヌスは宣戦布告します。こうしてアクティウムの海戦に至るのです。戦略家としてのオクタウィアヌスの才能は、アントニウスではなくクレオパトラに対して宣戦を布告したところにもみられます。この戦いはローマとエジプトの戦争である、と市民にアピールしたのですね。アントニウスはクレオパトラの色香に迷い、祖国を裏切って敵であるエジプトを支援しているというわけです。情報戦・宣伝戦でアントニウスは完敗しました。ようやくアクティウムの海戦まで来ました。

〈5〉アクティウムの海戦とクレオパトラの最期

いずれがローマの支配者となるか、地中海世界の覇者となるか、

アントニウスとオクタウィアヌスは、それぞれ全軍を挙げてアクティウムで戦うことになります。地図でアクティウムを確認して下さい。なぜここが決戦の舞台になったのでしょうね。これも考える歴史です。それは皆さんに考えてもらうとして、戦争の経過を追ってゆきます。前31年9月2日、決戦の幕は切って落とされました。両軍の配置はプリント⑪の通りです。クレオパトラのエジプト艦隊も後ろの方に控えていますね。『プルタルコス英雄伝』を読みながら、戦いの経過を見てゆきましょう。図版も合わせて参照して下さい。……（中略）……

戦いのさなかにクレオパトラのエジプト艦隊が突然逃走しました。なぜなのかは不明です。アントニウスもクレオパトラを追って戦場を離脱します。指揮官を失ったアントニウス軍は総崩れとなり、世紀の決戦はあっけなくオクタウィアヌスの勝利となりました。プルタルコスは、兵士を残して戦場を離脱したアントニウスを嘲笑しています。プリント⑫の史料を確認して下さい。

クレオパトラとアントニウスはエジプトへ逃げ戻ります。それを追って、オクタウィアヌスの軍団がエジプトに侵入してきます。クレオパトラの最期について詳しくお話したいところですが、脱線しすぎてもう時間がありません。詳しく知りたい人は、参考文献の浅香正『クレオパトラとその時代』（創元社）を読んで下さい。

勝利したオクタウィアヌスはクレオパトラと会見します。カエサル、アントニウスに続いて、クレオパトラは3人目のローマの将軍とまみえたのです。カーペットの中から出てくるという劇的なカエサルとの会見、豪華船で乗りつけたアントニウスとの会見に続く、第3幕が展開されようとしました。しかし、オクタウィアヌスはカエサル以上に冷徹で、クレオパトラとその子供たちを、

凱旋式を飾る戦利品としてローマへ連れてゆこうとします。

　誇り高い女王クレオパトラは、ローマ人の見世物になるより死を選びます。早くから自殺の準備をしていたようです。オクタウィアヌスもそれに気づいていましたが、ローマへ旅立つ前にアントニウスの墓に参りたい、という申し出を聞くと、安心したのか警護を緩めました。自由になったクレオパトラは、オクタウィアヌス宛の手紙を書いたあと、毒蛇に身を嚙ませて自殺します。

　「アントニウスと一緒に葬ってほしい」という手紙を受け取ったオクタウィアヌスは、自殺をとめようと慌てて使いを送りましたが、すでに手遅れでした。クレオパトラは女王の正装をして、黄金のベッドに横たわって死んでいました。オクタウィアヌスは、遺言通り彼女をアントニウスの傍らに葬ってやります。

　クレオパトラの子供たちはどうなったのでしょう。カエサリオンは処刑されました。オクタウィアヌスにとって邪魔な存在だったのでしょうね。アントニウスとのあいだの子供たちのうち、男の子アレクサンドロスは不明です。殺された可能性が高いと思います。クレオパトラ＝セレネは生き残りました。女の子は助かったところにも、男性社会というローマの特徴が表われているようです。

〈6〉おわりに——戦争と民主主義

　クレオパトラの死とともにプトレマイオス朝エジプト王国は滅びました。アレクサンドロス大王に始まるヘレニズム時代は幕を閉じ、ローマの地中海世界統一が完成しました。このあとのローマ史は、プリント③の図にあるように、帝政前期と呼ばれる時代になります。曲がりなりにも選挙をしていた共和政の時代が終わ

り、ひとりの支配者に権限が集中する帝政になるのです。それと同時に、征服戦争や内乱も影をひそめ、「ローマの平和 Pax Romana」という平和な時代を迎えます。

最後にもうひとつ考えて欲しい問題を話します。今日はすでに２つの問題、「クレオパトラの鼻」と、ローマの内乱と対外発展について考えてきました。どちらも簡単には答えが出ない問いです。３つ目もやはり難しい、今年の講義の主題といってよい大きな問題です。

先にペルシア戦争を勉強した時に、ペルシア戦争がアテナイの民主政治を発展させたという通説を紹介しました。でも少しおかしいのではないかという疑問も併せてお話しました。戦争というのは、力づくで相手を従わせる暴力行為であり、それが民主主義を育むなんて矛盾ではないか、という疑問でした。あの時、皆さんはどう考えますかということで、授業時間にミニ・レポートを書いてもらいましたね。皆さんのミニ・レポートを講評した時にも少し言いましたが、私自身、戦争と民主政治が一対になることについては、どうも納得できないというか、いまだによくわかりません。

ミニ・レポートでは理学部の人が、戦争が科学を発達させたと言われることを思い出したと書いてくれました。それも大きな問題ですね。戦争が民主政治を発展させるのかという問題も、簡単に答が出るものではなさそうです。でも、すぐには答の出ない問題を考えることが大切なのです。「人間は考える葦」です、「考える歴史」がこの授業のテーマです。

この問題について考える時に、自分たちの生きている世界についても考えてみて下さい。1945年以降の日本、つまり今私たちが

生きているこの世界では、戦争と民主主義ではなく、平和と民主主義です。平和と民主主義は、国のかたちを定めた日本国憲法の根幹です。そして、これに異議を挟む人はほとんどいません。誰もが、戦争よりも平和が良い、専制政治・独裁政治よりも民主主義が良い、と言います。

しかし西洋史を勉強してみると、平和と民主主義ではなく、どうも戦争と民主主義、平和と専制政治というのが普通のようです。今日勉強したローマもそうでした。単独支配、帝政の開始と「ローマの平和」が重なっています。このようにみてくると、1945年以降の日本は歴史の突然変異のような気がします。突然変異で出現した新しい種が、環境に適応できずに死滅してしまうのか、適応して生き残り、広がってゆくのか？ 歴史学は未来にもつながる学問です。

最後にレポート作成要領のプリントを配ります。レポートのテーマや形式、締切・提出場所、執筆上の注意事項などについて詳しく書いています。今日休んでいる友だちの分もとっておいて下さい。なお、前期の初年次セミナーで使った『**レポート作成の手引き**』[+]も活用して下さい。

井上「次回は「ローマの平和」のなかで起こったユダヤ独立戦争を取り上げます。副題は「究極の二者択一」です。今日のアントニウスも選択を迫られていましたが、ユダヤ人はもっと厳しい選択を迫られました。ユダヤ人の選択について皆さんはどう思うか、ミニ・レポートも書いてもらう予定です。それじゃ、また来週。……ではないか、これが今年最後の授業で、来週は冬休みでしたね。それじゃ、よいお年を。」

第14週 まとめとレポート

井上「おはようございます。この授業も今日で最後となります。今日は授業のまとめとレポートについてお話して、いつもより少し早い目に終わります。そのあとレポートに関する相談や質問を受け付けますので、相談がある人は残って下さい。」

　それではまず授業のまとめからです。プリントの左側を見て下さい。14回の授業をまとめています。毎回のテーマと配布プリントの枚数も書いていますから、この表を参考にノートとプリントを整理しておいて下さい。

　備考欄には、授業時間に書いてもらったミニ・レポートの課題も挙げておきました。もう一度ノート・プリントを見直して、そこに挙がっている問題を考えてみて下さい。ポエニ戦争の時に、ローマ市攻撃を避けたハンニバルの戦略についてどう考えるか、というミニ・レポートを書いてもらいましたが、そのあとスパルタクス奴隷反乱の時にも、奴隷たちのあいだで、ローマを攻撃するかどうかが議論されましたね。スパルタクスと比べてみると、ハンニバルの判断に新たな解釈を加えることもできそうです。

　まとめは2つの点から行ないます。ひとつは古代ギリシア・ローマ史の流れの再確認です。戦争を軸に、ギリシア史の初めからローマの滅亡まで、ざっと見てゆきましょう。実は、同じ授業を最初の時間にやりました。でも個々の戦争をしっかり勉強した上で、もう一度全体を見ると、また違った歴史が見えてきます。まとめの第2点は、ギリシア人・ローマ人の戦争に対する考え方の整理です。彼らの戦争観を理解すると、ギリシア・ローマ文明の

特徴が浮かび上がります。

　それではまず第1点から。授業時間に配ったプリントの年表、地図、そして歴史の流れ図を参考にして聞いて下さい。

……（中略）……

　本当は来週まで授業ですが、来週は休講にします。授業はしませんので、レポート作成に専念して下さい。その分の授業は補講というかたちで春休みに入ってから行ないます。補講の内容はレポートの返却です。ひとりずつレポートを返却して、講評します。まもなく補講の日時と場所を掲示しますので、希望者は受講して下さい。半年間、お疲れさまでした。レポートしっかり書いて下さい。

2年生——西洋史研究の基礎を学ぶ

前期 「西洋史基礎講読」タキトゥス『ゲルマニア』
——文献・史料の読み方

第1週 開講にあたって——通読・摘読・照読

井上「おはようございます。無事に2年生になれてよかったですね。2年になると、西洋史研究法もだんだんと本格化してきます。前期は「西洋史基礎講読」の授業です。この授業もまた私、井上が担当します。西洋史の教員は私ひとりですので、辛抱して下さい。相変わらず鬱陶(うっとう)しい授業ですが、気分転換や疲労回復は他の科目でお願いすることにして、西洋史基礎講読はしっかり受講願います。最初になぜこの科目は必修なのか、しっかり受講してほしいのかを説明します。」

　西洋史基礎講読というのがこの科目の名前ですが、講読とは何でしょうか。よく科目名を間違えて「西洋史基礎購読」と書く人がいます。購読ではありません。購読というのは新聞や雑誌を買って読むことです。この授業は講読ですので、お金を払う必要はありません。講読とは「書物を読み、その意味を説き明かすこと」です。基礎講読ではその基礎として、日本語の本の読み方を勉強

します。そんなことは習う必要はない、日本語なら寝ころんででも読める。いえいえ、本の読み方は高度な技術が必要なのです。研究者にとって必須の技術です。このように読みましょうと説明することはなかなかできません。これもまた「習うより慣れろ」で、一番良いのは、友だち同士で読書会をすることだと思いますが、まずは授業できちんと読み方を学びましょう。

　今年のテキストはタキトゥスの『ゲルマニア』です。この授業では岩波文庫を使います。皆さん買ってますね？　筑摩書房からも訳が出ていますので、そちらも参照して下さい。『ゲルマニア』を読みながら、<u>文献・史料の読み方</u>を勉強をします。<u>高度な文献調査や、読書ノートの作り方</u>も勉強します。

　次に授業の進め方について説明します。『履修概要』に授業計画（シラバス）を挙げておきました。これに従って進めます。

♥「西洋史基礎講読」２単位、２年生前期、担当　井上

タキトゥス『ゲルマニア』

　第１週　　　　開講にあたって──通読・摘読・照読
　第２〜４週　『ゲルマニア』通読、個人報告(1)
　第５週　　　中間まとめ、個別テーマの決定
　第６〜９週　『ゲルマニア』摘読、個人報告(2)
　第10週　　　文献調査実習（図書館端末室にて開講）
　第11〜14週　『ゲルマニア』照読、個人報告(3)
　第15週　　　報告の総括と批判精神
　評価方法　平常点（出席と報告）と期末レポート

　通読はともかく、摘読、照読という言葉は聞いたことないでし

ょう。ないはずです、私の造語です。今日はまず、これらの言葉を説明しながら、授業の進め方、勉強の仕方を説明します。

(1)通読（第2〜4週）

　まず3週間で『ゲルマニア』を最初から最後まで読みます。通読です。ノートをとりながら、内容を理解してゆきます。読書ノートの作り方は初年次セミナーで基礎を学びました。あの時に紹介したレーニンの『哲学ノート』を思い出して下さい。抜書・要約・コメント・整理です。**『読書ノートの作り方』**(仮想大学HP)

　第1クールの通読は、分担を決めて、第1章から順に読んでゆきます。『ゲルマニア』はひとつの章が短いので、ひとりで5章くらい担当してもらいます。毎週3人が報告をして、3週間で全46章をいっきに読みます。担当者は、自分の読書ノートを報告レジュメとしてみんなに配り、それに沿って内容を紹介して下さい。ひとりの報告時間は20分です。疑問点や感想、意見もレジュメに書いて報告するようにして下さい。もちろん、タキトゥスが書いていることと、報告者の意見や感想ははっきり区別できるようにレジュメを工夫して下さい。本に書いてあることと自分の意見とを区別するのが、ノートの取り方の基本であることは、1年生で勉強しました。

　担当者以外の人もテキストをきちんと読んで来て下さい。余裕とやる気のある人は、担当でなくても自分の読書ノートを作って、報告者のレジュメと比べて下さい。報告が済んだあと、10分ほど時間をとって、質疑応答をします。報告者は質問に答えられるようしっかり読んで来るように。3週の授業が終わると、皆さんの手元に『ゲルマニア』の通読ノートができます。

(2) 中間まとめ（第5週）

　読んでゆく途中で、ここは面白い、これは重要だ、よくわからない、といった箇所が出てくると思います。興味をもった点、疑問点などは、このあと研究を進めてゆく出発点となりますから、テキストに線を引いたり、ノート＝レジュメに書きこんで下さい。

　『ゲルマニア』を通読したあと、中間まとめとして、みんなで感想・疑問などを出しあいます。感想や意見を交わすなかから、各自より深く調べてみたいテーマを決めてもらいます。もちろん、「タキトゥス『ゲルマニア』について」というような大きなテーマではありません。皆さんに選んでもらうのは、もっと絞り込んだ小さいテーマ、たとえば、古ゲルマン社会の神、民会、女性といったようなテーマです。食べ物や衣服なんかに興味を持つ人もいるかもしれませんね。

(3) 摘読（第6〜9週）

　摘要読書の略です。抜粋読書といった方がいいかもしれません。第1章から始めて、ノートを作ってゆくと、あちらで書いてあること、こちらで書いてあることが関連しているのに気づくと思います。ひととおり読み終えたところで、今度は、中間まとめで見つけたテーマに沿って『ゲルマニア』を読み直します。関連する記事を抜粋し、まとめるという作業です。思わぬところに関連記事がありますから、注意深く読み直して下さい。その際に、どういう問題、テーマを設定するのか、そこに研究者の腕の見せどころがあります。そのためにも通読の際にひらめいたこと、思い浮かんだことを、ノートしておきましょう。

(4) 文献調査実習（第10週、図書館端末室にて開講）

　初年次セミナーの図書館実習で基本的な文献調査法は学びまし

た。この授業では**『西洋史関係文献調査法』(仮想大学HP)**↑というプリントを使って、さらに高度な、研究者になるための文献調査法を学びます。具体的に言いますと、図書を探すだけではなく、学術雑誌に載っている専門論文や、外国語文献の探し方まで学びます。なお、この週は図書館の端末室で授業を行ないますので、間違えないようにして下さい。

(5)照読（第11～14週）

テーマに即して関連文献をいくつか読み、相互に比較しながら問題を考察します。これが照合読書ないし対照読書、略して照読です。図書館での文献調査実習で見つけた本や論文を読み比べてゆきます。そうすると、ひとつの問題についていろいろな説があることがわかります。それを整理して自分の見解をまとめてゆく、これはもう研究です。

(6)報告の総括と批判精神（第15週）

授業の最後にレポートを提出してもらいます（「ええっー、うそ──」という声）。といっても、3回目の報告（照読のまとめ）を文章化するだけですので、簡単です。レポートの詳細については第3クールになって説明します。

　それでは残った時間で、タキトゥスとその著作『ゲルマニア』について簡単に紹介しておきます。プリント①を見て下さい。『古代ローマ人名事典』のタキトゥスの項目です。タキトゥスは……
……（中略）……

以上でタキトゥスと『ゲルマニア』の紹介は終わります。テキストを読んでゆく際に参考にして下さい。

　井上　「来週から第1クール、通読です。第1章から順番に読

んでゆきましょう。来週報告の3人、しっかり準備して下さい。」

第6週　摘読 ── テーマを絞って読み直す
報告「古ゲルマンにおける女性(1)」

井上　「西洋史基礎講読は今日から2順目になります。先週に中間まとめをしましたね。」

『ゲルマニア』をひと通り読んでこれは面白い、興味をもったという点をみんなで話し合いました。ああいう討論も楽しいでしょう。議論するなかで、これから研究するテーマが浮かんできます。途中から調子が出て来て、「民会」「神々と信仰」「農業」「戦争」といったオーソドックスなテーマから、「女性」「裁判」「奴隷」「タキトゥスのローマ社会批判」「衣食住＝日常生活」など、いろいろ出ました。どれもレポートのテーマとして適当なものです。

馬術部のIさんは「古ゲルマン社会における馬」に関心があると言っていました。如何にも趣味的なテーマでみんなに笑われていました。私も笑いましたが、改めて通読ノートを見直してみると、馬も案外いいテーマだなあと気づきました。ゲルマン人たちの生活や思想を考えるひとつの手がかりになるかもしれません。Iさんの報告は3週間先ですが、今のうちからしっかり準備して下さい。楽しみですね。

第2クールでは、それぞれの関心に従って各人ひとつのテーマを取り上げて、より詳しい報告をしてもらいます。そのテーマに沿って、『ゲルマニア』を読み直し、関連個所を整理して、まとめ直すよう伝えました。これが摘読です。適当に読む「適当読書」、適読──これも必要ですが──ではありません。テーマは先週、

前期「西洋史基礎講読」タキトゥス『ゲルマニア』　67

全員で決めました。取り合いの喧嘩にならず、よかったですね。今日配った日程表に各自の報告の日とテーマを書いています。この表に従って、順番に報告してもらいます。

　今日は２名に報告してもらいます。最初の報告者はＡさんです。レジュメは配られていますか？　報告の表題は「古ゲルマンにおける女性──『ゲルマニア』を読む」です。手元にこれまで配られたみんなのレジュメ＝通読ノート、タキトゥス『ゲルマニア』の本がありますか。鉛筆やマーカーも用意して下さい。じゃＡさん、報告を始めて下さい。

　Ａさん　「レジュメは２枚です。１枚目にタキトゥスの記事をまとめてみました。２枚目は私のコメント（疑問点・意見・感想）です。よろしくお願いします。」

　『ゲルマニア』で女性に触れている箇所を列挙すると、レジュメ左上の「(1)記事一覧」のようになります。索引を参考にして作ったのですが、みんなが配ったレジュメを見ましたら、索引にはないところでも女性に関係する記事があり、たとえば「女神」について書いているところなんかも、ゲルマニアにおける女性のあり方と関連するのではないかと思いました。結局全体を見直しました。記事の内容を項目別に整理したのがレジュメの「(2)要約」です。タキトゥスがゲルマン女性についていろいろなことを書いているので、まとめるのに苦労しました。地獄の１週間でした。名簿の一番は辛いです。

　ではレジュメに沿って説明します。「(2)要約」と書いているところを見て下さい。古ゲルマンにおける女性を５点にまとめてみました。①戦争での役割、②神聖な力、③平時の女性、④恋愛・結婚、⑤哺育・相続です。

①戦争での役割、から報告します。おもに7章、8章の記事をまとめてみました。8章は「婦人の地位」となっていますが、筑摩の文庫では「神々と信仰生活」という全然別の表題になっていて、なんだかよくわかりません。でも女性を考える上で重要な章なので、とりあえず第7、8章をていねいにまとめました。レジュメを読みます。

> 男たちが戦う戦場において、女はその傍らに存在し、彼らの傷の手当てをしながら懸命に励ます。敗色が濃い戦いを、みずからの運命を訴え、嘆願することで一転させてしまう女性たちもいた。

古ゲルマン社会でも戦争は男の仕事でしたが、女も戦場に出ていたようです。女性が励ましたので勝ったとタキトゥスは書いていますが、疑問もありました。のちほどコメントのところで述べることにして、次に②神聖な力、に移ります。

このテーマは、プリントにも書きましたように、第8章、40章、43章、45章などを参考にしました。またレジュメを読みます。

> ゲルマニアには、女性が神聖で、予言者的なものを持ち合わせているという考え方があり、実際に女神を信仰している民族が多数いた（ネルトゥス諸族）。またナハナルワーリー族では祭祀を管理する司祭が女の装いをしており、なかには女性が王を務める部族（スィトネース）もいたという。

ネルトゥス諸族についてはテキストの40章、191ページから192ページを見て下さい。彼らが住んでいたところは、テキストの地図の左上、北ドイツ・デンマークのあたりです。前に授業で配られたHさんのレジュメも参考になります。その2ページに40章ネルトゥス諸族がまとめられています。参照して下さい。

前期「西洋史基礎講読」タキトゥス『ゲルマニア』　69

③平時の女性、に移ります。……（中略）……

Ａさん　「以上が女性について『ゲルマニア』のまとめです。」

井上　「うーん、みごとなまとめですね。来週以降報告する人もＡさんのようにやって下さい。それじゃＡさん、コメントに入って下さい。」

Ａさん　「２枚目の「(3)コメント」に移ります。私のコメントは全部で５点あります。レジュメに列挙しました。①女性も巻き込む戦争形態、②スィトネースの女王、③きわめて少ない姦通、④子育て、⑤女系的血縁関係の重視、の５点です。順に疑問点や感想を述べてゆきます。」

①の戦争から始めます。さきほどまとめのところで８章の記事に疑問があると言いました。カエサルの『ガリア戦記』１巻51章──レジュメの最後の文献目録を見て下さい──には、女性が戦争に行く男たちに、「涙を流して自分たちが奴隷にされローマ人に渡されないようにしてくれ、と哀訴した」とあります。女性の影響力強し、と思いました。ただ、戦場に女性や子供までいて、足手まといにならないのか、あるいは敵の攻撃目標にならないのか、心配になりました。『ゲルマニア』７章によると、女性が戦場にいるのは看護、治療のためらしいのですが、女性にはそのような治癒能力があると思われていたのか、神聖な女性、予言者的な女性という点からも興味と疑問を持ちました。

②の女王に行きます。45章ではスィトネースに女王がいたと述べています。テキストの215ページから216ページです。なぜ女王がいたのか、考えてみました。先ほど、まとめの２項目で、女性は神聖な存在と考えられていたと言いました。女性の神聖な力が女王を生んだのではないかと考えると、邪馬台国の卑弥呼のよ

うに、王国の統治は神聖な力を利用した祭政一致の宗教的な統治だったのか、それとも違ったのか、さらに調べてみたいと思いました。

その点に関してもうひとつ、最初の時間に井上先生がタキトゥスを紹介された時に、彼がローマ社会に対して批判的な目をもっていたことを話されました。女性のことを調べてみて、その点が気になりました。『世界女性史』（久保書店）という本を読むと、古代ローマ初期においては、社会はかなり父権制が強く、女性は生まれてろくに名前すら与えられなかったと言います。しかしローマが大国になるにつれて少しずつ傾向が変わってきました。帝政時代に入ると、父権尊重、家長権の砦は崩れ、次第に女性の権利が認められていったそうです。こういう状態に対して反発する保守派がいたと思います。タキトゥスもそのひとりだったのでしょうか、スィトネースの女王の存在を厳しく批判しています。

井上　「皆さん、テキストを確認しておきましょう。215〜216ページです。「彼らは自由の状態はもとより、奴隷の境涯よりもなお堕落して、事、ついにここに至っているのである」。女王の支配に服することは奴隷以下の状態と述べていますね。訳者の註も付いています。見て下さい。「修辞法の手法……であって、特殊な一女王国の存在に対して、特に他意はなかったのであろう、とする説もある」となっています。筑摩の訳には註はないようです。Ａさん、続けて下さい。」

Ａさん　「註のような解釈があるのは知りませんでしたが、私は、タキトゥスはローマにもいつか女王が現われてしまうのではないか、と恐れていたような気がします。女王の存在をこれだけ大きく批判しているのですから。次に③の姦通に行きます。ここもロ

ーマ社会との比較が見られます。……（中略）……私の報告は以上です。」

井上　「はい結構です。いろいろな記事を読み比べて、考えながらまとめた、とてもいい報告でした。」

　もちろんこの他にも、意外なところに女性に関する情報が潜んでいる可能性もあります。<u>いったんまとめ、自分なりに考えて、論点や疑問を整理してみる</u>と、テーマがはっきりします。さらに勉強すべきポイントもわかり、そのためには次にどんな文献を読めばよいのかもわかります。

　それでは、今のAさんの報告について質問・意見を出して下さい。おっと、一斉に手が挙がりましたね。ローマ社会とゲルマン社会の比較をやるといっていたGさん、多分、そのあたりについての意見かと思いますので、Gさんから。

　　　　　……（中略）……

　今日は2人に報告してもらいました。Aさんの女性、B君の農業です。それぞれにしっかりした報告でした。来週は奴隷をやるCさん、戦士を取り上げるDさん、食べ物を中心に日常生活をまとめるEさんの3人が担当です。今日のふたりに負けないようしっかり報告して下さい。そのあとは住居と服装のFさん、Gさんのローマとゲルマン社会の比較、Hさんの神々と祭祀、Iさんの馬と続きます。えっ、Iさん、馬をやめてテーマを変えるのですか、残念ですね。

　他の人の報告もしっかり聞くようにしましょう。今日のAさんの報告には女神が出てきましたが、ゲルマンの神々について調べるHさんにも参考になったと思います。

井上　「私の方から追加のテーマを出しておきます。宴会です。

報告者はいませんが、重要なテーマです。ゲルマン人は宴会が大好きだったようですね。22章では、戦争など重要なことも宴会の席上で相談したとありました。なぜか宴会にも武装して出席していたようです。私たちも最後の授業のあと、近くのお店で実習をしましょう。それを楽しみに、また来週。」

第11週　照読 ——関連文献を読んでまとめる
報告「古ゲルマンにおける女性(2)」

井上「こんばんは。今日から第3クールに入ります。第3クールでは照読というのをやります。ショードクといっても本にバイ菌が付いているわけではありません。照合読書、対照読書の略です。」

先週の授業で図書館に行って文献調査をやりましたが、その時に見つけた関連文献・史料を合わせて読んで、それぞれのテーマについてさらに詳しい報告をしてもらいます。今回の報告はテキストの『ゲルマニア』のまとめに加えて、いろいろな研究者が述べている見解を参考にしつつ、自分なりの意見をまとめます。

文献調査に便利なデータベース、目録をもう一度挙げておきます。詳しい使い方は先週の図書館実習で学びました。**『西洋史関係文献調査法』**[↑]のプリントにも書きましたが、実際に繰り返しやってみることでうまく文献調査ができるようになります。そのための訓練でもあると思って、『ゲルマニア』関連文献の調査をしっかりやって下さい。

> ### ♥ 文献検索ツールの復習
>
> どのような本があるのか調べるには、1年の時に使った<u>NDL-OPAC 国会図書館の OPAC</u> の他に、<u>Webcat Plus や CiNii Books（サイニーと読みます）</u>、<u>Google Books</u> などがあります。Webcat Plus には「書棚」という機能もあって、文献目録作成に便利です。
>
> 探している本が大学図書館にない時は、<u>国立情報学研究所の CiNii Books</u> で所在を調べて下さい。
>
> 論文を探すなら、<u>CiNii Articles や国会図書館の『雑誌記事索引』</u>が便利です。
>
> <u>『史学雑誌』</u>巻末文献目録は紙媒体の目録で、時間はかかりますが確実に調査できます。1・5・9月号が西洋史文献目録（図書・論文）です。

　先週の文献調査から1週間しか余裕がなかったので、今週報告する2人は大変だっただろうと思います。第3クールもトップバッターはAさんです。Aさんの前回の報告「古ゲルマンにおける女性──『ゲルマニア』を読む」はすごい報告でしたね。タキトゥスをきちんとまとめ、部分的には第3クールの照読を先取りして、自分なりに考えた良い報告でした。お蔭であとのみんなも張り切って報告してくれたので、今年の基礎講読はいまのところ大成功です。

　今回は『ゲルマニア』からみつけた女性をめぐる問題点について、いろいろな本や論文を調べて再検討するということのようです。報告タイトルは前回と同じ「古ゲルマンにおける女性」ですが、内容はさらに深くなっていると思います。ではAさん、よ

ろしく。

Aさん 「名簿順なのでまた最初の報告者で、また地獄の1週間になりました。前回に出た質問についても調べましたが、よくわからなかったところもあります。今日はお手柔らかにお願いします。」

　前回の報告で挙げた問題点のうち、とくに私が関心をもった点ついてさらに調べてみました。ひとつはタキトゥスの女性観です。『ゲルマニア』には女性についていろいろ書かれているのですが、どうもタキトゥスの個人的な女性観というか、偏見のようなものが表明されていて、古ゲルマン女性の実態を歪めているような気がしました。そこでその点を中心に調べてみることにしました。その際に、Gさんが先々週に報告した「タキトゥスとローマ社会」がたいへん参考になりました。

井上 「皆さん、そうですね、通読ノート（レジュメ）とAさんの前回レジュメの他に、Gさんの第2回報告レジュメも出して下さい。Aさん、続けて。」

Aさん 「えーと、レジュメの最初はこれまでのまとめです。前回の報告を簡単に整理し、みんなの質問も含めて、問題点を確認してみました。簡単に説明しておきます。」

　「(1)前回の報告」は、……（中略）……という感じでした。今回は、今まとめた疑問点などを中心にさらに調べたことを報告します。それでは本論に入ります。

　「(2)女性の役割」のところでは、戦場で男性を支える女性、男性が戦争に行っているあいだ、留守になっている農地を守る女性について考えてみました。このふたつの関係がどうなっていたのか、さらに調べてみたいと思います。参考文献①のS. フィッシ

ャー＝ファビアン『ゲルマン民族　二つの魂』（アリアドネ企画）と②I. ウェーバー＝ケラーマン『ドイツの家族』（勁草書房）のどちらも、女性が農業において重要な役割を果たしていたとありました。……（中略）……農業についてはB君が報告してくれますので、これくらいにしておきます。「(3)結婚」、「(4)衣服」についても調べましたが、衣服はFさんが専門ですので、ひとことだけです。……（中略）……

　<u>「(5)女性の地位」</u>は、石井正人「ゲルマンの女性たち――タキトゥスの『ゲルマニア』におけるゲルマンの女性像をめぐって――」（『千葉大学教養部　研究報告A』25巻）を読んで、私なりに考えたところです。先週の図書館実習で雑誌論文の調べ方を教えてもらったので、探したところゲルマン女性の論文が見つかり、とりあえず読んでみました。女神や女王についてのタキトゥスの考えをまとめています。

　8章の最後に「これは決して媚びのためでも、また強いて女を女神にしようとするのでもない」というタキトゥスの文章がありますが、そこに付けられた註を読んで私も、この部分は単なるローマとの比較だと思っていました。確かに、あの悪名高いネロ皇帝は、自分自身を神とみなすために、妻のポッパエア・サビナに神的名誉を与えています。ところが石井さんの論文では、ここにはタキトゥスの次のような気持ちが隠されているというのです。媚びでもないとそんなこと（女が神になること）は存在するはずはない。媚びでもない状態で神にするなどもってのほかという気持ちです。石井さんの解釈は、私が前回報告した「タキトゥス保守派説」が当てはまるのではないでしょうか。つまり、女が神や王になるなんてありえないという気持ちを、タキトゥスはもって

いたのではないでしょうか。興味深いところです。

　そんなタキトゥスが女性に関してベタ褒めしているのが、姦通や貞操に関する部分です。その点については参考文献が揃って「誇張」という言葉を掲げています。確かに、タキトゥスが当時のローマと比べて、かなり誇張して書いた可能性があるといってもいいでしょう。でも、なぜ彼はそこまで誇張して書いたのでしょうか。そこにはローマ女性とは違う、ローマにはない女性の姿に注目するタキトゥスが見えます。また、これ以外でも、戦争において大きな役割を果たし、夫に仕え、家や農地の仕事もするゲルマン女性の姿は、ローマとは違うものだったでしょう。レジュメを読みます。

　　石井さんは「タキトゥス保守派説」に基づき、タキトゥスはこのようなゲルマン女性の姿に何らかの反発心を抱いていたかもしれない、と述べている。確かにその一面があるかもしれないが、しかしその感情だけでこれほど詳細に述べたり、褒めたりするだろうか。私の推測では、タキトゥスが保守的であったのは「女性が王や神になること」や「女性の地位が上がること」に対してであって、「夫の辛苦と危難の友」、つまり夫を戦場で助け、農耕もおこなう（ただし中心は男）としてのゲルマン女性に関しては、それほど反発心を抱かなかったのではないか。

　私はむしろ、この点についてタキトゥスは、ゲルマン民族の強さ、恐ろしさを見出していたのではないかと思います。つまり、女性が頽廃し、家族関係のつながりも薄くなっていたローマとは違い、ゲルマニアの社会は、男性が戦争で活躍し、それを女性が支え、さらには農地や家の仕事にも女性が関わる、家族間の結び

つきが強いゲルマン親族共同体であった。この共同体にタキトゥスはローマが倒せないゲルマン民族の強さを発見したのではないかと思います。ゲルマン人の戦争は女性も参加する「総力戦」だったと。タキトゥスはゲルマン女性に反発だけではなく、共感とか評価もしていたのではないでしょうか。感想のような結論ですみません。

　このようなゲルマン女性の姿はのちのちまで影響を与えました。参考文献①のフィッシャー＝ファビアンは、中世のゲルマン文学に「強い女」のモティーフが脈々と伝承されていると述べています。『ニーベルンゲンの歌』もちょっと読みましたが──参考文献③石川栄作『「ニーベルンゲンの歌」を読む』（講談社）──、夫ジークフリトに仕え、夫が殺害されるとひたすら復讐に燃える強き女、クリエムヒルトは、古ゲルマンの女性の姿を残しているように思いました。

　Aさん　「私の報告は以上です。」
　井上　「はい、1週間でよくまとめました。Aさんの報告は2つの点でよかったと思います。皆さんも参考にして下さい。ひとつは、前回の報告や討論をふまえて、今日の報告をしたこと、そしてとくに、本や論文をまとめただけではなく、自分の意見をしっかり述べた点です。」

　照読の段階になると、本に書いてあることを要約するだけではなく、いろいろな学説や意見を比較しながら、自分の見解をまとめてゆくことになります。いよいよ研究ですね。その意味でもAさんの報告は結構でした。もちろんAさんが出した結論というか、見解が正しいかどうかは別の話です。その点も含めてこれから討論です。それぞれ質問・意見を述べて下さい。

……（活発な議論）……

井上　「まだまだ意見が出そうですが、時間が来ました。2人の報告はそれぞれ面白かったですね。いろいろ質問も出ました。質問に答えられなかったところはさらに調べて下さい。今日の報告をまとめて文章化し、最終レポートとして提出してもらいます。最終レポートは4000字以上です。早く報告した人は、報告準備が大変でしたが、レポート作成の時間が他の人より多くとれますね。今日報告した2人は、さっそくレポートにとりかかって下さい。それでは来週担当の3人、しっかりやってくるように。」

第15週　報告の総括と批判精神

井上　「おはようございます。西洋史基礎講読の最後の授業です。今年の基礎講読は『ゲルマニア』を取り上げましたが、みんなが頑張ったので、とてもうまくゆきました。これだけうまくいった授業は珍しいですね。今日は総まとめということで、まず皆さんそれぞれ、自分の報告について感想、反省を述べて下さい。そのあとお互い同士で意見交換しましょう。最後に、私から皆さんの文献講読、調査研究をみていて気がついたことを少し話します。じゃ、いつものようにAさんから。」

Aさん　「しんどかったです。地獄の1週間を3度も体験しました。ただ、みんなのレジュメを参考にしながら『ゲルマニア』をまとめ直す作業は、「そうなんや」という、思いがけない発見があって楽しかったです。タキトゥスがちょこっと言ってるだけで、最初読んだ時には見逃していたようなことも、考えてみるととても重要なこととわかったりしました。それと、他の人の報告

にツッコミを入れ、いえ、質問するのも楽しみでした。質問されるのはあまり気持ちよくありませんでしたが、それでもみんなの質問のお蔭で3回目の報告は前よりよくなったと思います。……」

B君「農業という、僕らしいような、そうでないような地味〜なテーマをやったのですが、意外に面白くて……」

……（中略）……

井上「それでは私の方から気のついた点を述べておきます。プリントを見て下さい。」

(1)ノートかカードか、データベース・ソフトか？

授業ではそれぞれ自分の担当部分をレジュメにまとめてもらいました。本を読んでまとめる時に問題になるのは、ノートにまとめるか、カードにとるか、それとも全面的にノートパソコンかということでしょうね。ノートよりもカードの方がよいと思います。あとから情報を付け加えられますし、摘読のノートに早変わりできます。ただし『ゲルマニア』のような基本文献は、全体がわかるようにノートにした方がいいかもしれません。その場合は、あとから書き込みができるよう、右のページを空けておくとよいでしょう。

逆に照読はカードを勧めます。プリント③のカードの見本を見て下さい。ある事柄について、文献1の情報と文献2、3、……の情報を並べて比較することになりますから、ひとつの情報が1枚に収まるカードが効果的です。逆に言うと<u>1枚のカードにはひとつの情報だけ――出典も忘れずに――書くこと</u>が、カードを活用するコツです。関連する情報カードを机の上に広げると、テーマや論点が見えてくるのもカードの利点です。

カードよりもっと便利なのはデータベース・ソフトです。検索や比較が容易になります。修正や追加も思いのままです。私は「知子の情報」という古いカード型ソフトを愛用しています。データベース・ソフトの唯一の欠点は、紙のカードと違って、いちいち印刷しないと一覧できないことですね。

いずれにしても、ノート、カード、データベース・ソフトに集めた情報がある程度の量になったところで、項目ごとに整理して文章化し、パソコンに貯めてゆきましょう。

(2)**文献の本文と註**、(3)**報告の継続性**、……（中略）……

最後に、研究者をめざしている皆さんにとって大切なことを言います。プリントの【**番外、批判精神**】のところです。本や論文に書いてあることに対して、私はそうは思わないという報告した人が何人かいました。Ａさんも石井さんの論文に異論を唱えていましたね。専門家が述べていることを批判するなんて、学生の分際でおこがましい、まずは本に書いてあることを素直に学べ！　いやいや、そうではありません。研究者にとって必要なのは、他人の粗さがし、いちゃもんをつける能力です。これが研究者の条件です。いや〜な性格ですが、研究には必要なのです。

すなおな人、本に書いてあること、先生が言うことをそのまま信じるような人は研究に向いていません。仮想大学に学ぶと人格が歪む？　そうかもしれません。でも、学問の世界でそういう嫌味なことをしていれば、欲求不満が発散されて、日常生活ではむしろ素直になれるのではないでしょうか。そんなことはない、先生は普段でもひねくれた見方をしてるって？　私が？　だとすれば、日常生活でも研究を優先させているのですね、それがプロでしょう。

日本の学者が書いていること、まして井上先生が言っていることなら批判できるとしても、原書に書かれていること、本場の学者が主張していることは謙虚に学ばなければならない。そもそも西洋史をやって欧米の研究者に勝てないだろう、本場の研究をすなおに学ぶべきだ。確かに、海外の進んだ研究から学ぶことは必要です。しかし外国の受け売りではなく、日本人が西洋史を研究する独自の意義はあると私は思います。たとえば『ゲルマニア』ですが、もちろんドイツで詳しい研究がなされています。私たちはそこから学ばなければなりません。でも場合によっては、日本人の方がより的確にタキトゥス『ゲルマニア』を理解できることもあるのです。

　ドイツ人はゲルマン人です——英訳したら The Germans are a Germanic people でしょうか、変な文章ですね。ドイツ人にとっては自分たちの祖先ですから、タキトゥスを読んで古ゲルマン社会を考察する時にも、知らず知らず、願望や贔屓(ひいき)が入り込んでしまうかもしれません。最初の時間に説明したタキトゥスと『ゲルマニア』の話を思い出して下さい。タキトゥスは、自由で健全なゲルマン人の姿を紹介することによって、頽廃したローマ社会を批判しようとしたという解釈です。辞典などにも書いてある、いわゆる通説です。タキトゥスには確かにそういう叙述がみられます。しかしその一方でタキトゥスはゲルマン人に対する批判や非難もしています。ゲルマン人を称えている点を強調するのは、ドイツ人の手前味噌な解釈ではないでしょうか。日本の歴史学はドイツの影響を強く受けていますから、日本語の辞典などでもそのように書かれていますが、私たちにはもっと客観的な評価も可能な気がします。そしてドイツの偉い学者に「先生、その説には

異論があります」と言うこともできるのです。

> **♥ まだまだ可能性はある!!**
> 初年次セミナーでやったパウロの女性観もそうですね。キリスト教徒にとってパウロは聖パウロ、絶対的な存在ですから、その女性観を客観的に評価できないかもしれません。

　ドイツの学者を批判するためには当然、タキトゥスをしっかり読めなければなりません。困ったことに『ゲルマニア』はラテン語で書かれています。今の皆さんには読めませんね。どうすればよいのか。ラテン語を勉強するのが一番ですが、そうはゆかない場合は、いくつかの訳を読み比べて原文の意味をしっかり把握するようにして下さい。この授業でも岩波文庫のテキストの他に、筑摩の文庫も参考にしました。どちらもきちんとしたいい訳です、──私自身、たいしてラテン語ができないので、自信をもって言えませんが、ラテン語ができる人はそう言ってます。ふたつを読み比べ、授業でも少しだけ参照した英訳も併せて用いれば、タキトゥスの言わんとすることが正確に理解できるでしょう。外国語のハンディは絶対的なものではありません。

　要するに、<u>私は研究者になるのだと、自信を持って進んで下さい</u>。たかが大学２年生でそんな大それたことをと言われそうですが、それくらいの意気込みで勉強して下さい。仮想大学は生意気な人を歓迎します。

　時間が余りましたので、それぞれ整理してきたノート・プリントをもとに、残った時間で期末レポートを書いてもらいます。もちろん、授業時間内で完成しないでしょうから、残りは自宅で仕

上げて、来週までに提出して下さい。……（学生は執筆に専念する、先生はボーとしている）……。

　井上　「それでは西洋史基礎講読を終わります。半年間お疲れさまでした。夕方から打ち上げをします。ゲルマン人ではないのですから、武装して出席することのないように。」

【さらに勉強するなら、こんなテキストも】

　今年の西洋史基礎講読は『ゲルマニア』を取り上げましたが、別のテキストで、本の読み方・まとめ方をさらに勉強するとよいでしょう。参考までに、過去の基礎講読で取り上げた文献で、授業がうまくいった（除く１冊）テキストを紹介します。ほとんどが文庫や新書で簡単に手に入りますので、読書会のテキストにも適当です。

　A）歴史史料＝昔の人が書いた著作

　　アリストテレス『アテナイ人の国制』（岩波文庫）

　　ルカ『使徒行伝』（新約聖書、各種訳）

　　エインハルドゥスとノトケルス『カロルス大帝伝』（筑摩書房）

　　ラス・カサス『インディアスの破壊についての簡潔な報告』（岩波文庫）

　B）研究文献＝現代の研究者の著作

　　桜井万里子『古代ギリシアの女たち』（中公文庫）

　　桜井万里子・橋場弦編『古代オリンピック』（岩波新書）

　　南川高志『ローマ五賢帝』（講談社現代新書）

　　増田四郎『西洋中世世界の成立』（講談社学術文庫）

　　井上浩一『生き残った帝国ビザンティン』（講談社学術文庫）

　とくに『古代オリンピック』は北京オリンピックの年に読んだ

せいか、学生諸君はずいぶん熱心に取り組みました。古代のオリンピックと近代のオリンピックをいろいろな角度から比較したり、活発な授業になりました。例外の1冊というのはもちろん『生き残った帝国ビザンティン』で、学生諸君は熱心に受講したのですが、書いているのが担当教員なので批判を控えたのか、そもそもテキストに問題があったのか、いまひとつ盛り上がりに欠けました。それなら私がやってみる、って？

後期 「西洋史通論」ビザンツ帝国の戦争
―― 知識・視野の拡大

第1週 序論 ―― ビザンツ帝国史概観

井上　「おはようございます。後期の「西洋史通論」を担当します井上です。」

　大学の授業にはいろいろな種類がありますが、通論は講義と呼ばれる授業の代表です。皆さんも講義科目として、１年生の後期に西洋史の見方を受講しましたね。あれは全学部向けの入門講義で、西洋史通論は西洋史を専門にやる学生のための概説です。ただし概説といっても専門科目ですから、高校の世界史のように、古代から現代までざーとやるわけではありません。特定のテーマを設定して、そのテーマに沿って時代や歴史の流れを概観するのが通論です。

　今年の通論は「ビザンツ帝国の戦争」です。かなり特殊なテーマですが、半年間の講義を通じて、ビザンツ帝国を手がかりに西洋史についての知識を広げるとともに、問題の立て方、考察の視点、まとめ方、といった西洋史研究の基本的な方法を知ってもらいます。

　最初にプリントを配ります。ビザンツ帝国に関する基本的なデータを盛り込んだプリントです。繰り返し使いますから、なくさないようにして下さい。プリントの資料①は、『西洋史辞典』をはじめ、各種歴史事典の「ビザンツ帝国」の項目を並べています。

比べながら読んでもらうと、これから勉強するビザンツ帝国とはどんな国家だったのか、おおよそのところがわかります。プリント②は私が作った年表です。授業で取り上げるテーマは太字になっています。プリント③は歴代皇帝一覧表、④は地図です。ビザンツ帝国は一千年も続き、時代ごとに領土が大きく変わったので、5枚付けておきました。皆さんも勉強する時には、このような地図や系図、年表を用意して下さい。本に載っているのを借りてもいいんですが、できたら自分で作ってみると、とても勉強になります。

　今日はこのプリント①〜④を参照しながら、ビザンツ帝国とはどのような国家であったのか、どんな歴史をたどったのか、を簡単に見ておきます。

　　　　　……（中略）……

　戦争を中心にビザンツ帝国史を概観しました。1時間で一千年やったことになりますが、どうでしたか、なんとなく面白そうな国でしょう。イメージが湧いてきましたか。そうですね、初年次セミナーの時にやった「2、事前調査」が終わったという感じですね。自分で調べる代わりに、先生から説明してもらうというのが講義ですが、講義を聞きながら、先生の手の内といいますか、調べ方、議論の進め方などにも注意して、自分の研究にどう役立つか、考えてみて下さい。

　レポート作成法では、そのあと「3、仮アウトラインの作成」でした。講義概要は仮アウトラインと言えるかもしれません。見てもらいましょうか、次のような講義計画です。

> **♥「西洋史通論」 ２単位、２年生後期、担当　井上**
>
> ビザンツ帝国の戦争——西欧・イスラーム世界と比較しつつ
>
>   **1，序論——ビザンツ帝国史概観**
>   2，西洋古代の戦争——「戦争の西欧的流儀」の起源
>   3，後期ローマ帝国時代——ゲルマン人の侵入
>   4，ユスティニアヌス１世の再征服
>   5，アラブ人の侵入——危機の時代
>   6，テマ制度と捕虜交換制度——７～９世紀
>   7，10世紀の戦術書——ビザンツ人の戦争観
>   8，征服の時代——10世紀後半～11世紀初
>   9，繁栄から混乱へ——11世紀における軍制の変化
> 10，コムネノス王朝時代の戦争
> **11，十字軍とビザンツ帝国——聖戦をめぐって**
> 12，末期ビザンツの戦争
> 13，コンスタンティノープルの陥落（1453年）
> **14，授業のまとめとレポート提出要領**
> 15，レポート提出
>
> 評価方法　期末レポートと平常点（出席）

　だいたいこのような予定で講義を進めてゆきます。負け戦さが多いようで、盛り上がりに欠けるかもしれませんが、むしろ負けるところにビザンツ帝国の特徴がみられると思います。これだけ負け続けたのに、一千年以上存続できたのは何故か、そのあたりに注意しながら受講して下さい。

　来週は西洋古代の戦争について話します。ビザンツ帝国は古代

ギリシア・ローマの文明を受け継ぎました。今日の授業でも言いましたように、みずからローマ帝国と称していたのです。ビザンツの戦争について考えるためには、遡ってギリシア・ローマの戦争がどのようなものだったのか、ギリシア人やローマ人が戦争をどう考えていたのか、を知る必要があります。その意味では来週もう１回序論ということになりますね。それではまた来週。

第11週　十字軍とビザンツ帝国 ――聖戦をめぐって

井上「こんにちは。今日はビザンツ帝国と十字軍の話です。プリント２枚ゆき渡っていますか？」

〈1〉はじめに――講義は眠い？

今日の授業のポイントは、戦争に対する考え方、異教徒に対する考え方が、ビザンツと西欧では随分違ったというところにあります。たとえば、西ヨーロッパで成立した十字軍には聖戦という考え方がみられましたが、ビザンツ帝国にはそのような考え方はなかったのです。キリスト教世界の東西における、戦争に対する考え方の違いを十字軍を通してみる、それが今日の主題です。

実はこの「十字軍とビザンツ帝国」が、高校生に大学を紹介する「高校生講座」のモデル授業になりました。来年の春に高校生・浪人生を集めて講義をします。私なんぞが講義して、大学の授業に対する誤解、失望を与えてはいけないと、講座の案内には弁解を書きました。プリントの端にコピーしておきましたので、読んでみて下さい。

後期「西洋史通論」ビザンツ帝国の戦争　89

> ### ♥講義は眠い？──西洋史通論への招待
>
> 　大学の授業のなかでも、演習（ゼミ）や実習に比べて、講義と呼ばれる授業は退屈だといわれています。とくに私の講義では、教室のあちこちで居眠りする姿が見られます。昨年は、私が専門としているビザンツ帝国の戦争をテーマとしましたが、やはり学生諸君のなかには「先生には申し訳ないけど瞼（まぶた）が……」という人がかなりいました。今日の高校生講座では、昨年度の講義「ビザンツ帝国の戦争」の第11回を紹介します。戦争に対する考え方が、ビザンツ帝国と西ヨーロッパの十字軍とではどう違ったのかという話です。皆さん、講義の退屈さを実感して下さい。この授業に耐えられたなら、大学での勉強は大丈夫、私が保証します。

　言っときますが、学生諸君に対する嫌味で書いたわけではありません。私に面白い授業を期待されても困ると思ったので書いただけです。でも本当に居眠りしないようにして下さいよ。少なくともこの授業は何とか起きて、寝るのは別の科目にして下さい。

　最初に十字軍に関する参考文献を紹介しておきます。プリント2枚目の右下を見て下さい。たくさん挙げておきましたが、とくに1冊ということなら、八塚春児さんの『十字軍という聖戦──キリスト教世界の解放のための戦い』（日本放送出版協会）を推薦します。今日の授業は「聖戦」がキーワードですので、ちょうど良いだけではなく、十字軍に関して日本語で読める一番いい本です。かなり高度な内容が盛り込まれていますが、うまくまとめられていて読みやすいですね。巻末に詳しい文献目録もありますから、本格的に十字軍研究をやってみようという人も、少し勉強し

ようという人も、まずこの本を通読することから始めて下さい。

　そろそろレポートが気になる頃ですが、たとえば今日の授業のノートやプリントを整理し、八塚さんの本を軸に、授業で紹介した参考文献を読んで、十字軍でまとめるのも一案ですね。いろいろな文献を読みながら、問題を立て、自分の見解をまとめる方法については、前期の西洋史基礎講読で学びました。今回のレポートはその実践です。レポートのことは来週に詳しく話すことにして、本論に入ります。

〈2〉聖戦 holy war
(1)聖戦とは何か

　さて、いきなり質問です。聖戦とはなんでしょうか。戦勝を神に祈る、勝利を神に感謝するような戦争？　しかし「苦しい時の神頼み」はごく一般的な現象であって、それだけでは聖戦ということはできません。もっとはっきりした条件が必要です。聖戦とはなによりも、神の命令で行なわれる戦争、神のために行なう戦争と定義できます。異教徒・異端といった不信心者を、屈服・改宗・絶滅させることを目的とする攻撃的な戦争、それが聖戦です。より広くいえば、宗教活動の一環として行なわれる戦争ということになります。ずいぶん抽象的な定義ですが、具体的な特徴として、次の2点を挙げることができます。

　第1に、カリフやローマ教皇といった宗教的権威が戦争を宣言し、実行することです。プリント③は『歴史学事典7　戦争と外交』の「十字軍」の項目です。下線部を見て下さい。第1回十字軍の総司令官は、教皇の代理として派遣されたル・ピュイ司教アデマールでした。総司令官が聖職者であっただけではなく、十字

軍には聖職者も武器をとって従軍しました。聖職者が従軍するのも聖戦の特徴です。聖地の防衛を目的として設立された騎士修道会（テンプル騎士団・ヨハネ騎士団）は、戦いと祈りをふたつながらに行なう、まさに聖戦を象徴する組織でした。

　第2に、従軍する者に神から報酬が与えられるのが聖戦です。もちろん兵士には給料や戦利品が与えられます。しかしそれだけではなく、宗教的な報酬が約束されるのが聖戦の条件です。報酬のひとつは罪の許しが与えられることでしょう。第1回十字軍を呼びかけたクレルモン教会会議決議（1095年）は、聖地解放の戦いに向かう者を「完全な贖罪のための旅に出かける者」と呼んでいます。十字軍戦士にはローマ教皇から贖宥が与えられました。ショクユウとは難しい言葉ですね、信者の罪の償いを教会がしてくれる、要するに罪の許しが与えられるということです。これもプリント③「十字軍」の下線部を見て下さい。

　第4回十字軍を呼びかけたインノケンティウス3世も、十字軍に参加する者は過去の罪障がすべて消滅すると説いています。参加者のひとりであるヴィラルドゥアンは、この言葉によって多くの者が十字軍に参加したのだと述べています。詳しく知りたい人は参考文献の『コンスタンチノープル征服記』（筑摩書房）を読んで下さい。ローマ教皇から贖宥が与えられることが、十字軍を聖戦たらしめた要因です。

　宗教的な報酬として、神様ないし教会から与えられるものには、戦死した者が殉教者や聖人と認められる、天国が約束されることも含まれます。これもまた聖戦の特徴です。プリントの⑤を見て下さい。1453年、コンスタンティノープルを包囲したトルコのスルタン、メフメト2世は、「たとえ戦場に倒れても、諸君には天

国が待っている。天国では預言者マホメットと宴の席を囲むのだ」と兵士たちを励ましました。殉教者としての栄誉が得られること、これがジハードを支える精神でした。今でも、イスラームのいわゆる「テロリスト」を支えている思想と言ってよいでしょう。神様の性格は異なりますが、靖国神社に祭られるのも同じようなことでしょう。

まとめます。<u>教皇やカリフなどの宗教的権威が提唱・実行し、参加者には神から恩賞が約束される戦争、それが聖戦です。</u>

(2)ビザンツ帝国と聖戦

さてここが大事なところですが、<u>西ヨーロッパの十字軍やイスラームのジハードにみられる聖戦という考え方は、ビザンツ帝国では発達しませんでした</u>。これまでビザンツの戦争を見てきて、弱いな、お前ら、やる気あんのか、という感想をもった人も多いかと思います。神様を信じて、天国を信じて命を惜しまず戦う、という精神はどうもビザンツ人には希薄だったようです。西欧の騎士修道会のような制度も知られていません。

すでに勉強したように、ビザンツ帝国は7世紀以降、ジハードを掲げるイスラーム軍と戦争を繰り返しました。2度にわたってコンスタンティノープルを長期間包囲されています。帝国の存亡がかかった戦争を展開したのですが、それでも聖戦という考えは生まれなかったのです。テマ制度のところでも勉強しましたように、ビザンツは防衛戦争に専念していました。また、異教徒を殲滅するどころか、イスラームとのあいだで定期的に捕虜交換をしていました。

10世紀半ばビザンツ帝国が攻勢に出た時、皇帝ニケフォロス2

世（在位963～969年）は、対イスラーム戦争の戦死者を聖人と認めるよう教会に要求しました。イスラーム軍の強さを知っていたニケフォロス皇帝は、その秘密がジハードの精神、天国を約束されて死ぬことを恐れないことにあると思ったようです。イスラームに倣って、ビザンツでも聖戦を認めよと要求したのです。結果はどうだったでしょう。プリント⑦を見て下さい。『スキュリツェス年代記』の一節です。もとはギリシア語ですが、ここでは英訳を挙げておきました。手抜きしているわけではなく、2年生ですから英語文献に慣れてもらおうと思い、あえて日本語に訳していません。

☠『スキュリツェス年代記』274～275ページ

He endeavoured to establish a law that soldiers who died in war were to be accorded martyrs' honours, thus making the salvation of the soul uniquely and exclusively dependent on being in action on military service. He was pressing the patriarch and the bishops to agree to this doctrine but some of them vigorously withstood him and frustrated his intent. They produced as evidence the canon of Basil the Great which requires a man who has slain his enemy in battle to remain three years excommunicate.

史料にもありますように、教会会議は、教父バシレイオス（330 ?～379年）の言葉を引用して、皇帝の要求を拒否しました。聖戦は認められませんでした。ビザンツの教会は、原始キリスト教の平和主義、「剣をさやに納めなさい。剣を取る者は皆、剣で滅び

る（マタイ福音書26-52)」をなお残していたのです。

　その下のプリント⑧も見て下さい。再来週くらいに勉強する末期の皇帝マヌエル2世（在位1391〜1425年）『あるペルシア人との対話』の一節です。さすがはビザンツ皇帝、良いことを言っています。飛ばし飛ばし読んでみます。

　　　神は血を喜びませんし、理性に従うことなしに行動することは神の本性に反します。……誰かを信仰に導きたいなら、必要とされるのは、上手に語り、正しく考える能力であって、暴力や脅しではありません。……理性を備えた魂を説得するために、腕力も、いかなる武器も、死をもって人を脅すその他の手段も必要ではありません。

　イスラーム教徒のトルコ人に追い詰められ、帝国滅亡の危機に立たされていたマヌエル2世も聖戦を説くことはありませんでした。むしろ先のマタイ福音書のような平和主義が見られます。

　ここまでのところをまとめておきます。「ビザンツ帝国には聖戦観念は希薄だった。」プリント⑥のC. モリソン『十字軍の研究』（白水社）の一節も参考にして、ノートを整理して下さい。

　十字軍ははるか西欧からやって来て、ビザンツ帝国領を通り、イスラーム世界を攻撃しました。聖戦思想をもった十字軍とイスラームが激突する、そのはざまにあって、同じキリスト教国家であるビザンツ帝国が、十字軍に対してどのような態度をとったのか、お互いがどのような違和感をもったのか。それをこれから具体的にみてゆきます。

〈3〉西欧文明と十字軍
⑴戦う西欧文明

　西欧文明は遠いギリシア時代から戦う文明でした。2回目の授業を思い出して下さい。ギリシア神話の英雄は、先頭に立って戦うからこそ英雄なのです。ポリスは戦士たちの団体であり、その構成員の資格、すなわち市民権は、兵士として従軍できる男性のみに認められました。古代オリンピックでは槍投げやレスリング、さらには完全武装して走る競技もありました。古代ギリシアのオリンピックはまさに戦争の祭典です。参加するのはもちろん男性だけです。オリンピックの期間中は休戦したといいますが、逆にいえば、普段は戦争ばかりしていたということでしょう。古代とは逆に、近代オリンピックは戦争の時に中止になっています。こちらは平和の祭典といってよいでしょう。

　ローマも戦争国家です。小さな都市国家から、戦争また戦争を繰り返して大帝国になりました。英語の皇帝emperorの語源であるラテン語のimperatorは最高司令官という意味です。皇帝の一番華やかで重要な儀式は凱旋式でした。そのために凱旋門も建てています。ローマの凱旋門をまねしたのがパリの凱旋門ですね。

　戦うことを良しとする精神、戦う者こそが国家の指導者であるという精神は、西欧中世にも受け継がれました。そもそもゲルマン人も戦士社会でした。前期の西洋史基礎講読で『ゲルマニア』を読みましたね。民会で投票する時、ゲルマン人は武器を鳴らして意思表示しています。やはり戦う者にしか投票権はなかったのですね。ギリシア・ローマ文明とゲルマン人が融合して誕生した西欧中世では、人間は「祈る人」「戦う人」「働く人」の3身分に分類されました。「祈る人」は聖職者、「働く人」は農民（のちに

は市民も)、そして「戦う人」とは国王から騎士に至る貴族を指します。戦うことが高貴な身分の条件だったのです。

このような西欧文明の特徴をまとめた本としてH. サイドボトム『ギリシャ・ローマの戦争』を挙げておきます。1年生の西洋史の見方でも紹介しました。思い出して下さい、「戦争の西洋的流儀 Western Way of War」、略して WWW、なんか格闘技の団体みたいですが、西欧の戦争、戦争観をうまくとらえています。

本来、平和主義をとっていたキリスト教が、西欧中世社会のなかで変化してゆきます。世の中に迎合して堕落した、といった方が正確かもしれません。戦うことは高貴なこと、立派なことである、という観念に、キリスト教も一枚加わって、カトリック世界においては聖戦という考えが成立したのです。そして、それが具体的なかたちをとったのが十字軍でした。

(2)十字軍の成立とビザンツ

第1回十字軍のきっかけはビザンツにあったと、どの本でも書かれています。ビザンツ皇帝アレクシオス1世(在位1081〜1118年)がトルコ人を撃退するためにローマ教皇に援軍を依頼したのが、十字軍のきっかけというわけです。依頼を受けたローマ教皇ウルバヌス2世は、1095年にクレルモンで宗教会議を開催し、聖地をイスラーム教徒から解放することを提案しました。「神はそれを欲したもう」というのが合言葉です。

十字軍はビザンツから始まった？　ビザンツにも聖戦思想があった？？　しかし注意してほしいのは、ビザンツ人は聖地解放を呼びかけたわけではないことです。これまでも何度もお話したように、ビザンツ人はできるだけ戦争を避ける、みずからは戦わな

いで、外国人傭兵部隊を利用する、という方針でした。それはアレクシオス１世の対トルコ戦争にもみられます。トルコ人に対する援軍を西方に依頼したのは、夷狄同士を争わせて漁夫の利を得る、という伝統的な政策にすぎません。ところがその依頼を、教皇はみずからが主導する十字軍に変えてしまったのです。

〈４〉ビザンツ帝国と第１回十字軍
(1)ビザンツ人の驚き──西欧とビザンツの相違

「神はそれを欲したもう」の合言葉で西欧の各地からやって来た十字軍は、1097年コンスタンティノープルに集結しました。彼らは壮麗な都を見て仰天します。当時のヨーロッパにはそのような大都市はなかったからです。まだまだ田舎だったのです。しかしビザンツ人も十字軍を見てひどく驚きました。当惑したといった方が正確かもしれません。頼んだのは、小アジア奪回のための傭兵部隊のはずだったのに、やってきたのは聖地奪回をめざす大部隊、十字軍です。皇帝アレクシオス１世の娘で歴史家のアンナ・コムネナは、その驚きをプリント⑩のように伝えています。少しだけ読んでみます、下線を引いたところです。「その数は浜の真砂より天の星より多かった。女や子供もいた。」

ビザンツ人が驚いたのは十字軍の人数だけではありませんでした。聖戦という思想や行動にも驚かされています。プリント⑩の後半を読んで下さい。アンナは次のように記しています。

> このラテン人（西欧人）たちは野蛮で、聖なる器を扱うと同時に、左手に楯、右手に槍を持つ。彼らは神キリストの血と肉に与る一方で、……「流血を犯す者」（『詩編』26-9）となるのである。

聖職者が武器をとって十字軍に加わっていることに嫌悪感を隠せなかったようです。

　厄介な大軍団を迎えてアレクシオス1世は困惑したようですが、粘り強く交渉して、次のような協定を結ぶことに成功しました。(1)十字軍は皇帝に対して臣下の礼をとる。(2)トルコ人から旧ビザンツ帝国領を奪還したら皇帝に引き渡す。その代わりに(3)ビザンツは十字軍に食糧を提供し、帝国領内の通行の安全も保証する。(4)ビザンツ軍も十字軍とともに戦う。協定を結ぶと、十字軍は海峡を渡って小アジアに上陸しました。当時は小アジアのほぼ全域がトルコ領になっていましたので、たちまち戦いとなります。

(2)十字軍の戦い──ニカイア攻防戦

　十字軍とビザンツのキリスト教連合軍が最初の攻撃目標としたのは、小アジア西北の町ニカイアでした。地図を見て下さい。都コンスタンティノープルからすぐのところですね。もちろんごく最近までビザンツ領だった町です。それぞれニカイアへ向かった両軍は、町に近づくと、持ち場を決めて包囲体制をとりました。しかしながら、共通の敵、イスラーム教徒トルコ人を前にしても、ビザンツと十字軍の団結は強まるどころか、むしろ相互の不信感を増幅させてゆきます。十字軍はニカイアの近郊を荒らしまわり、殺したトルコ人の首をニカイアの城壁に投げつけて、防衛軍を威嚇します。プリントの図版⑫を見て下さい。首がバラバラと飛んでいますね。十字軍の暴虐ぶりにビザンツ人たちは眉をひそめました。

　この調子ではニカイアを占領しても、約束通りに引き渡さず、自分たちのものにするのではないかと、アレクシオス1世は恐れ

ました。できることならビザンツ軍が単独でこの町を占領したいと考えます。しかしその堅固な城壁を突破する軍事力はなかったので、例のように策略を用います。以下の話はやはりアンナ・コムネナの記録に拠っています。詳しく知りたい人は参考文献のAnna Kommene, *Alexiad*（Penguin Classics）を読んで下さい。

　アレクシオス皇帝は、先陣を担当していた腹心の将軍に、ニカイアのトルコ人と交渉に当たるよう指示します。将軍はニカイアのトルコ人に、無駄な抵抗はやめるよう勧告し、開城すれば身柄と財産を保証すると伝えました。合わせて、十字軍の恐ろしさも強調したはずです。ニカイア側も、精強な十字軍には勝ち目はないと悟ります。占領されたならどんなことになるか、と恐れました。それならビザンツに明け渡したほうがましだと判断したのです。両者のあいだで、ニカイア明け渡しの合意が成立しましたが、厄介なのは聖戦意識に燃える十字軍でした。

　十字軍はビザンツとトルコの交渉を知らずに、攻城の準備を整えていました。ビザンツ側も協定に従って軍隊を出していたのですが、その一方で、今述べましたように、皇帝の特許状と引き換えに、町に無血入城する手はずを整えていました。トルコ側との打ち合わせが完了すると、将軍は、十字軍とともに城壁に攻撃をかけている司令官に、「獲物は手に入った。攻撃せよ」という手紙を送ります。町を攻め取ったと思わせる策略の手紙でした。

　こうして裏切りのドラマの最終章が始まりました。激しく戦っている十字軍を尻目に、ビザンツ兵士はやすやすと城壁に登ります。トルコ側は負けたふりをして撤退し、ビザンツ帝国の軍旗が城壁に上がりました。ビザンツ軍が一番乗りをしたのですから、引き渡し協定を待つまでもなく、ニカイアの町はビザンツ帝国の

ものとなりました。十字軍の軍事力を脅しに使って、この町を平和的に奪回したのです。

(3)ビザンツとイスラーム

　ビザンツと交渉してニカイアを明け渡したことはトルコ人にとっても幸いでした。このあと、十字軍はシリアを通って聖地へ向かいますが、途中の都市を次々と略奪しています。十字軍に攻略された町がどんな目に遭ったのか、イスラーム側の史料をみておきましょう。プリント⑭は参考文献の『アラブが見た十字軍』(筑摩書房)からの引用です。傍線部分を読んでおきます。「これは野獣どもの放牧場なのか、それともわが家、わが故郷なのか、私にはわからぬ。」故郷の町を十字軍に略奪されたある詩人の嘆きです。

　イスラーム教徒に対するビザンツの態度は違っていました。今度はアレクシオス1世のエジプト君主宛手紙を読みます。プリント⑮です。これも『アラブが見た十字軍』からの引用です。

　　彼ら(十字軍)はまた、万難を排してエルサレムを占領しようと決めているようだ。法王はキリストの墳墓を奪回すべく彼らに聖戦を訴えたのだから、今や何をもってしても彼らをこの目的からそらすことはできない。

ローマ教皇の呼びかけに応じて、敢然と戦う十字軍を持て余している様子が窺えます。エジプトの君主に、まもなく十字軍がエルサレムへ行くから注意するよう知らせているのです。最後の文も読みましょう。「皇帝はこのように書いた上で、自分自身は彼らの行動を是認せず、カイロとの同盟を厳守したい旨書き添えていた。」

もちろん十字軍側も、イスラームに対するビザンツの融和的な態度に気づいていました。不信感が次第に昂じて、「狡猾なギリシア人」という合言葉に結実します。確かに十字軍側からみれば裏切り行為だったでしょう。しかしビザンツ人はそれを恥しいこととは考えていませんでした。<u>必要があればイスラーム教徒とも手を結ぶのは、彼らとって普通のことでした</u>。この授業でも勉強した長期にわたるイスラームとの戦争、そのなかでビザンツ人が身につけた生活の知恵といえるでしょう。

　十字軍の暴虐行為の総仕上げといってよいのが聖地エルサレムの占領です。十字軍はエルサレムへ向かい、1099年7月聖地奪回の夢を果たしました。唯一成功した十字軍です。しかし聖地において行なわれた略奪と殺戮はすさまじいものでした。プリント⑯を見て下さい。参考文献のタート『十字軍』（創元社）からの引用です。先のニカイア攻略と比べて何という違いでしょう。

　プリントにもありますように、「この時の十字軍の極悪非道なふるまいは、中東世界全体に深刻な衝撃を与え、それから幾世紀にもわたって人々の記憶に刻み込まれることになる」のです。それは現代にまで及んでいます。2001年9月11日の同時多発テロのあと、アメリカのブッシュ大統領はテロに対する戦いを「十字軍」と称しました。それに対してイスラーム世界から強い反発があり、大統領は発言を撤回しています。

〈5〉第3回十字軍──イスラームと西欧（抄）

　<u>聖戦意識に燃えた十字軍、戦うことをよしとした西欧中世の特徴</u>をよく示すものとして、次に第3回十字軍に参加したイングランド王リチャード1世（在位1189～1199年）の話をします。リチ

ャードを迎え撃ったのはイスラームの英雄サラディン（在位1171〜1193年）です。

……（中略）……

　いろいろと史料を見てもらいましたように、リチャード１世は勇敢な戦士でした。獅子心王 The Lionhearted ──フランス語ではCoeur de Lionです──という綽名のとおりです。しかしライヴァルのサラディンと比べると、大人と子供という感じがしませんか。たとえば、リチャードはアッコンを占領した時に3000人のイスラーム兵を捕虜にしました。サラディンは釈放するよう求めて交渉に入りますが、身代金の額をめぐって駆け引きをします。腹を立てたリチャードは捕虜を皆殺しにしてしまいました。イスラーム教徒に脅しをかけたつもりかもしれません。私たちが先に勉強した、ビザンツとイスラームの捕虜交換制度とは随分違いますね。ビザンツの戦術書は「戦争が完全に終わるまで捕虜を殺すな。……捕虜と交換に友人や同盟者を受け取るようにせよ」と述べていました。その時のプリントを見直しておいて下さい。

　リチャードの名誉のためにひとこと言っておきますと、サラディンと渡り合うなかで彼も平和的な駆け引きを学んだようです。最終的にはサラディンと協定を結んで、エルサレム巡礼の自由と安全を認めさせ、帰国の途についています。ビザンツが長い年月をかけて学んだ生活の知恵を、リチャードも学んだのでしょう。

〈6〉 おわりに──第４回十字軍余話

　残り時間も少なくなりましたので、第４回十字軍の話をして、今日の授業を終わります。

　数ある十字軍のなかでも第４回十字軍は、聖地に行かずに、同

じキリスト教徒の町コンスタンティノープルを征服したと評判が悪く、「脱線十字軍」といわれています。ローマ教皇インノケンティウス3世が提唱し、それに応じて西欧の諸侯たちが参加した、その十字軍をビザンツがまた自分たちの目的に利用しようとします。帝位を奪おうと考えた皇族が、十字軍をコンスタンティノープルに誘ったのです。

　コンスタンティノープルにやって来た十字軍は、またまた驚きの光景を目にします。プリント㉑のニケタス・コニアテス『歴史』を見て下さい。下線部を読みます。「この邪悪な軍団はコンスタンティノープルに入り、……サラセン人のシナゴーグ（モスク）を不意打ちした。刀を抜いて襲いかかり、その財産を強奪したのである。」コンスタンティノープルの市内にモスクがあるのを見て、十字軍兵士たちは驚きました。聖戦意識に燃え、欲にもかられて、これを攻撃したのです。注意してほしいのはそのあとの文章です。続けて読みます。「混乱を聞いたローマ人（ビザンツ人）たちは、サラセン人を助けるために駆けつけた。」

　国際都市コンスタンティノープルにはさまざまな人が住んでいました。人種・宗教・文化の違う人々が共存していたのです。たとえ宗教は違っても、同じ町に住む仲間としての連帯感があったのでしょう。十字軍にはそれが理解できなかったようです。イスラーム側に立って戦うビザンツ人に不信を募らせました。こうして彼らは、ビザンツ帝国の征服を十字軍にふさわしい行動と考えるに至ったのです。1204年4月コンスタンティノープルは陥落し、ビザンツ帝国は滅びます。でも「ビザンツ帝国の戦争」の授業はまだ続きます。来週は「末期ビザンツの戦争」です。1204年にいったん滅びたあと、ビザンツ帝国は復活します。その時期を末期

ビザンツと呼んでいますが、来週はその時代を扱います。レポートについても詳しく説明しますので、必ず出席するように。ではまた来週。

第14週　授業のまとめとレポート提出要領

井上　「こんばんは、先週1453年のコンスタンティノープル陥落について勉強しました。ようやく一千年の歴史を終えたわけです。今日はその一千年を振り返って、ビザンツ帝国において戦争とはどういうものであったのか、ビザンツ人は戦争をどう考えていたのか、まとめたいと思います。」

配布した『まとめとレポート』というプリントを見て下さい。左半分が授業のまとめ、右はレポートに関する注意事項です。まず左側からみてゆきます。

……（中略）……

一千年の歴史を振り返ってみましたが、ビザンツ軍の勢いがよかったのは、6世紀ユスティニアヌス皇帝の時代と、10世紀半ばから11世紀初めにかけてくらいです。アドリアノープルの戦い（378年）から、世界史的な敗北といってよいヤルムーク（636年）、マンツィケルト（1071年）、そしてコンスタンティノープルの陥落（1453年）まで、たいていは負けていました。

弱いだけではなく、戦闘意欲も疑わしく、十字軍など同時代の西欧人からは「卑怯」「臆病」と非難されていました。要するに、ビザンツ人は戦争が好きでも、得意でもなかったのです。「戦争はすべての悪のなかで最大の悪である」という6世紀の戦術書から、「理性を備えた魂を説得するために、腕力も、いかなる武器

も……必要ではありません」というマヌエル2世まで、悪口を言えば負け惜しみでしょうね。でも一番勢いがよかった10世紀でも、授業で話しましたように、聖戦を認めることはありませんでした。戦争を崇高なものとは考えなかったのです。

　ビザンツ帝国は古代ギリシアの文化を受け継ぎました。みずからローマ帝国と称していました。しかし戦争という点では、古代ギリシア・ローマ文明とはまったく違う考え方をしていたのです。できる限り戦争を避けようというその姿勢は、文明の十字路にあって、<u>多くの民族と向き合わなければならなかったビザンツなればこその知恵</u>だったのでしょう。現代にも通じる知恵ではないかと思います。

　最後にレポートについて説明します。すでに準備を進めていると思いますが、改めて注意事項をまとめました。プリントの右側を見て下さい。

　まず【1、提出要領】から、とくに注意してほしい点について補足説明します。

　(1)テーマは「ビザンツ帝国の戦争」ですが、具体的にはいろいろ考えられます。それぞれ工夫して下さい。(イ)ビザンツ帝国における戦争の特徴、ビザンツ人の戦争観など授業の全体的なまとめ。(ロ)個別の戦争についての考察。この場合は、なぜその戦争を取り上げるのか、序論で説明して下さい。(ハ)他の世界・国家とビザンツ帝国との比較。自分が関心を持っている国や時代の戦争とビザンツを比較してまとめて下さい。(ニ)その他

　(2)枚数は自由です。上限も下限もありません。ただ、歴史学のレポートでは事実関係の説明などがどうしても必要ですから、少

なくとも4000字くらいにはなるはずです。2000字以下ではまともなレポートにはならないでしょう。300字などというのは論外です。

(3)様式、(4)締切・提出先、(5)評価方法はそこにある通りです。

【2、作成上の注意事項】は重要なところだけ読み上げます。

「(1)講義レポート作成手続きは、①テーマ決定⇒②仮アウトラインの作成⇒③参考文献（ノート・プリント）の調査・収集・整理⇒④文献を読む（ノートの整理、情報カードの作成）⇒⑤最終アウトラインの確定⇒⑥下書き⇒⑦推敲⇒⑧清書⇒⑨仕上げ（目次・註・参考文献リストを付ける）である。

①テーマ決定⇒②ノート（他人の？）⇒③清書というパターン、さらには①他人のレポート⇒②自分のレポートというパターンをとる人もいるが、後者は問題外、前者もどうかと思う。」

(2)講義プリントの活用、(3)推敲、は飛ばして、最後の(4)参考文献を読みます。「論文ではないから註は付けなくてもよいが、参照した文献のリストはかならず付ける。参考文献が挙げられていないものは正式のレポートではない。」

井上　「半年間の講義はこれで終わります。来週はレポート提出です。」

3年生——西洋史研究法を実践的に学ぶ

前期 「西洋史演習」古代末期の都市
——史料読解力の養成

第1週　開講 ——授業の進め方、テキストの説明

　井上　「おはようございます。いつもの井上です。3年生になって、いよいよ演習が始まります。」

　西洋史コースがもっとも重視している授業がこの西洋史演習です。演習とは何でしょうか。言葉がわからなかったら広辞苑、というわけで『広辞苑』を引くと、「教師の指導のもとに実地に研究活動を行なう授業。ゼミナール」とあり、用例として「英文法演習」が挙がっていました。「実地に研究活動を行なう」のが演習です。西洋史コースは研究者を育てることを目標にしていますが、西洋史の研究を実際にやってみるのが演習です。だから、西洋史コースのもっとも重要な科目、コースの核となる科目です。私は「大学はゼミと図書館」を持論にしていますが、そのゼミがこれから行なう西洋史演習です。まずは『履修概要』を見て下さい。

108　3年生――西洋史研究法を実践的に学ぶ

> ♥「西洋史演習」2単位、3年生前期、担当　井上
> 古代末期の都市（中世史・古代史演習）
> **第1週　開講――授業の進め方、テキストの説明**
> 第2週　古代末期の都市（予備講義）
> **第3〜11週**　古代末期・中世初期の史料を英訳した史料集 M. Maas, *Readings in Late Antiquity: A Sourcebook*, 2nd ed., London and New York, 2010. から、古代末期の都市に関する史料を順次取り上げて読解する。それを通じて、文献調査・史料批判・史料解釈など西洋史研究の方法を具体的に学ぶ。
> 第12〜14週　受講生の自由研究発表
> **第15週　まとめ――史料を整理して小論文を書く**
> 評価方法　平常点（出席と報告）

♠ 演習受講の心構え

　この演習は、『履修概要』にも書きましたように「中世史・古代史演習」です。近現代史は研究法が微妙に違います。近現代史の研究法を学ぶ演習も必要ですので、自由選択科目として「西洋史演習Ｓ」を設けています。Ｓとは特別という意味です。近現代史で卒業論文を書きたい人は特別演習も受講して下さい。ただし本学の教員は私ひとりですので開講できません。提携校である大阪市立大学の「西洋史演習（近現代）」を受けてもらいます。大阪市立大学の西洋史演習を受けた人は、単位互換でうちの「西洋史演習Ｓ」を履修したものと認定します。

　それにしても「中世史・古代史」とは妙な表現やな、ははーん、担当者の井上はビザンツが専門なので、古代・中世といっても、

前期「西洋史演習」古代末期の都市　109

実際は中世を中心にした演習なんやな、と思われた方もおられるかもしれません。鋭いけど違います。今年の演習テーマは「古代末期の都市」です。古代から中世へ移る時期ですが、時代区分ではどちらかといえば古代です。それなのに「中世史・古代史演習」とはこれ如何に？　そこには深い意味がこめられているのです。

　まず注意してほしいのは、中世史と書いて「ちゅうせいし」とは読みません。「ちゅう」ではなく「なか」です。世は「せ」ではなく「よ」です。そう「なかよし」と読んで下さい。そのあとの古代史も「こだいし」ではありません。どう読むかわかりますか？「なかよし」から続けて読み下して下さい。

　Eさん　「なかよし……、こよし？」

　そうです「なかよし・こよし」演習です。井上ゼミは「仲良しこよし」のゼミです。「冗談はよしこさん」と言われそうですが、ふざけているわけではありません。このように演習を進めてゆきたいという願いをこの名前にこめているのです。

　講義と演習の一番大きな違いは何でしょうか。ひとことでいえば、講義は先生が中心、演習は学生中心。それは教室から聞こえてくる声を聞けばわかります。講義では先生の声しか聞こえません。学生は黙っています。私語する人もいますが、論外です。これに対して演習ではもっぱら学生がしゃべって、先生は時々何か言うだけです。私が理想とする演習は、ふたことしか喋らないというものです。「始めます」と言うと学生が報告をする。その報告について学生同士で質疑応答、意見交換する。私は黙って聞いている。時間がきたら「終わります」と言う。手抜きとか、楽をしたいというわけではありません。これが理想の「二言演習」です。

受講生がお互い遠慮せずに、ひとの発表を批判する、それぞれの意見・感想・疑問を出し合う。演習がうまく進むクラスは、学生諸君が仲の良いことが多いですね。やっぱり「仲良しこよし」が演習の基本です。そのために来週コンパをしましょう。基礎講読の時にやった打ち上げの大宴会を、演習では最初にします。

H君「先生、前から疑問に思っていたのですが、質疑応答、意見交換といわれてもチャル大ですので……あっ、僕ら仮想(バーチャル)大学をチャル大と呼んでます。ましてコンパなんかどうやってやるのですか、この大学で？」

井上「う〜ん、ツイッターとか、ミクシー、フェイスブック、オフ会とかいうのもありますね（聞きかじった言葉を並べてゴマ化す）。ともかく始めます。」

♠ 授業の進め方

井上「演習で使うテキストについて説明します。教科書があります。M. Maas, *Readings in Late Antiquity: A Sourcebook*, 2nd ed., (Routledge, 2010)、この本です。分厚くてペーパーバックでも5000円くらいします。全部を読むわけではないので、買うのが辛い人は申し出て下さい。大学の本を貸します。」

この本は題名からもわかりますように、古代末期 Late Antiquity の史料集 Sourcebook です。史料とは、過去の人々が残した記録・遺物のことです。2年の前期にやったタキトゥスの『ゲルマニア』も古ゲルマン社会に関する重要な史料でした。歴史研究の出発点には史料があります。史料から歴史を復元する、それが歴史研究です。<u>史料を読むことは西洋史研究の基本です。演習では史料の読み方、関連事項の調べ方を学びます。</u>

西洋古代・中世の場合、この史料がかなり厄介なのです。というのは、大部分がラテン語またはギリシア語で書かれているからです。大きく分けると、古代ローマと西欧中世がラテン語、古代ギリシアと中世ビザンツ帝国がギリシア語となります。ですから、古代・中世の研究にはギリシア語やラテン語が必要なのですが、研究者養成を謳っている我が仮想大学、チャル大ですか、なんか軽いですね、そのチャル大でも、さすがにラテン語などを必修とするわけにはゆきません。自由選択科目として開講しています。そういえば基礎講読でタキトゥスをやった時に、一念発起してラテン語をとった人がいましたね。ああ、Cさんでしたね。どうでしたか。ええっ、あまりに変化がややこしいので2回でやめた？　せっかく『ラテン語初歩』（岩波書店）を買ったのに。今からでも遅くありませんよ、というか、4年になってからでは遅いです。古代ギリシア・ローマ、中世をやろうという人は、3年生のうちにギリシア語またはラテン語をやっておいて下さい。

　この演習では史料を読みますが、ギリシア語やラテン語ではなく、それを英語に訳したものを読んでゆきます。テキストは英訳史料集というわけです。原文で読まないと意味がない？、英訳で読むくらいなら日本語で読んだ方が内容もよくわかってよいのと違いますか、って？　難しいことに挑戦しよう、いやなるべく楽に、と発想は正反対ですが、どちらも正論です。日本語訳の良い史料集もあります。歴史学研究会編『世界史史料』（岩波書店）や、『西洋古代史料集』『西洋中世史料集』（東京大学出版会）などです。でもあえて英語でやります。その理由は、学生を困らせるため、……ではありません。英語の読解力を身につけるためです。西洋史の研究者にとって英語は必須の語学です。どんな分野をやるに

しても、しっかりした英文読解力がなければ研究はできません。

それじゃ、テキストを開いて下さい。37ページです。2. Cities（都市）と表題が挙がっています。第2章は都市に関する史料を並べているということです。表題の次に2.1 Introduction（導入）という項目があって、古代末期の都市について簡単な解説をしています。来週、私の方から「古代末期の都市」という講義をして、古代末期とはどのような時代なのか、その時期には都市や市民はどんな状態だったのかを話します。史料を読むための基礎的な事項を説明します──初年次セミナーで学んだ事前調査に当たる作業ですね──ので、「2-1 導入」は飛ばしましょう。読みたい人は家に帰ってから読んで下さい。

さてそのあと、いよいよ原史料が並んでいます。これを順番に読んでゆきます。まず2.2 City administration（都市行政）に関する史料からです。最初の史料は、2.2.1 The importance of city senators（都市元老院議員の重要性）という表題ですね。挙がっているのは、Theodosian Code 12.1.44, 184、『テオドシウス法典』の12巻1章の44号と184号の法律です。このふたつの法律を読んで、古代末期の都市がどんなものであったのか、考えるわけです。38ページにふたつの法律の英訳が載っています。これが史料本文です。見てみましょう。

☠ Theodosian Code 12-1-44、184

12-1-44：In order that decurions may not wander abroad for a long time or join the imperial service, to the fraud of the municipalities, unless they return to their own municipalities within five years, their property shall be assigned to their

前期「西洋史演習」古代末期の都市　113

> municipal councils for performing the compulsory public services and bearing the burdens of their municipalities. [Arcadius and Honorius, 395]
>
> 12-1-184：Children of decurions and of gubernatorial apparitors must follow their own birth status, no matter when they may be born, whether before the prerogative and the expressed time of the imperial service that has been undertaken or after the period has elapsed, since it is enough that exemption has been granted by Our Clemency to their parents as a remuneration. [Honorius and Theodosius, 423]

　2-2-1の史料（これからは略して1番の史料と言います）はたったこれだけです。これがひとりが担当する分です。少ないでしょう。でも調べるのは大変ですよ。

　以下同じように2-2-2、2-2-3と史料が並んでいます。ひとりひとつずつ担当してもらいます。それぞれ長さが違います、2番の史料は、今見た1番の3倍以上ありますね。不公平にならないよう、1順目が長い史料だった人は、2順目には短いものを担当してもらいます。とりあえず第1順として、1番がAさん、38ページの2番はB君、39ページ3番、Cさん。……H君。それぞれ自分が担当する史料が確認できましたか？

Aさん　「あの～、たまには名簿のうしろからというわけには……。」

井上　「そうですね、じゃ、逆にH君が1番、Gさん2番、の順で。1番は短いから得なんですけど……。では、実際にどのように読んでゆくのか説明します。37ページに戻って、史料1番を

みて下さい。再来週H君に報告してもらう史料です。」

担当のH君は、この史料をしっかり読んできて、その内容を紹介して下さい。その際に報告レジュメを用意して、レジュメに沿って説明してもらいます。レジュメは次のような構成になります。最初に、表題（史料番号、史料名）・日付・担当者名を記して、そのあとに本論です。本論は、(1)史料本文の全訳、(2)関連事項の説明、(3)コメントからなります。最後に、報告にあたって参照した文献の一覧を付けます。必要に応じて、地図とか系図・図版なども参考資料として付けて下さい。テキストにも付録として詳しい地図や年表が付いています。

(1)史料本文というのは、表題「テオドシウス法典12-1-44、184」以下の部分です（112～113ページ）。つまり『テオドシウス法典』に収められた法律2点が、H君の担当する史料です。法律の全訳をしてもらいます。短い英文ですが、厄介ですよ。法律らしいややこしい表現、聞いたこともない概念や固有名詞、などに悩まされます。みんなが持っているような小さい英和辞典では間に合わないかもしれません。decurionやArcadiusなんていう単語は載ってないと思います。こんな時こそ、以前学んだように、本は参考図書室で読む、というのが大切です。大型の英和辞典の他に、歴史関係の辞典もおいてあります。それでも訳に自信がない時は英語も併記して下さい。どうしても訳せない場合は、「decurionが海外をさすらわないように」という訳文でも結構です。

(2)関連事項の説明。本文を訳しただけではまだ何のことか、この史料が何を言っているのか、わからないことが多いと思います。史料のもつ意味が理解できるように、誰が発布したのか、この法

前期「西洋史演習」古代末期の都市　115

律が出された理由、時代背景、また本文に出てくる固有名詞（地名・人名）や歴史的な概念についても調べて下さい。たとえば44の最後に括弧で括って「アルカディウスとホノリウス、395年」とあります。44号の法律は、395年にアルカディウスとホノリウスが出したようです。アルカディウスというのは東ローマ皇帝です。人物についても調べて来て下さい。どのように調べるのか、すでに初年次セミナーや西洋史基礎講読である程度のことはやっていますが、その点も来週、詳しく説明します。事典類の他に、さまざまの参考文献を調べることになるでしょう。事典も、これまでのように日本語だけではなく、英語の事典も使うことになります（うそー、事典読むのに辞典が要るわ、の声）。でも考えてみれば、英語を読むので、語句を調べるなら英語の歴史事典の方が引きやすいじゃないですか。

　調べるのに一番手っ取り早いのは、史料本文の前に書かれている解説です。これはこの史料集を編集したマースさんが、以下に挙げる史料はどんなものか、簡単に説明したものですので、とても参考になります。1番の史料にも付いています。本文と同じくらいの長さですね。読むと decurion の説明も入っていることがわかります。

　解説の部分は全訳しなくても構いませんから、関連事項や時代背景の説明に適宜利用して下さい。テキスト77ページの Further reading のところに挙がっている参考文献も使って下さい。ただし英訳の史料集ですから英語の文献ばかりです。この本はイギリスやアメリカの大学の演習テキストなんですね。日本語の文献については来週の授業で指示します。

　そしてそのあとに、ここが肝心なところですが、(3)コメントと

して、この史料が何を語っているのか、この史料を読んでわかったこと、この史料から言えることを自分なりにまとめて下さい。考える歴史の要です。さらに疑問、意見、感想などもレジュメに記して下さい。

　以上が担当者の仕事です。なかなか大変でしょう。担当者以外の人も楽ではありません。必ずテキストを読んで来て下さい。報告を聞いて、疑問点や意見を発表してもらいます。

　報告はひとり3回くらいまわります。繰り返すことで、(1)英語の読解力、(2)史料の読み方、(3)関連文献・資料の調査法、(4)史料の分析・考察、すなわち考える歴史、といった西洋史研究に必要な技術や方法を身につけます。

　井上　「それじゃ、今日はここまで、再来週発表のH君、Gさん、しっかりやって来て下さい。」

第3週　第1回報告（史料2-2-1）

　井上　「おはようございます。先週、古代末期とはどのような時代だったのか、とくにその時期の都市がどういう状況だったのか、について簡単にお話しました。また、古代末期の都市についての参考文献も紹介しました。私が書いた『ビザンツ　文明の継承と変容』（京都大学学術出版会）の第1部なんかも参考にして欲しいですね。良心的な価格なのに、売れなくて困ってます。内容に問題があるのかなあ。」

　今日はふたりに報告をしてもらいます。最初は史料1番、担当はH君。そのあと2番の史料、これはリバニオスという弁論家の演説なのですが、それをGさんにやってもらいます。ふたり

前期「西洋史演習」古代末期の都市　117

ともレジュメを用意していますか。みんなも史料を読んで来ていますね。テキストとＨ君のレジュメ、そして英語の辞典も出して下さい。これからＨ君に報告してもらいますが、そのあと皆さんから質問や意見を出してもらって討論をしますから、報告を聞きながら、わからなかったところ、疑問に思ったところ、感想、意見をレジュメに書き込むように。それではＨ君、始めて下さい。

Ｈ君　「訳しにくかったところがありますが、レジュメに沿って報告します。」
　２-２-１、都市元老院議員の重要性　○○年○月○○日　西洋
　　　史演習　Ｈ
「**１、史料全訳**」は読み上げます。

　　『テオドシウス法典』12-1-44。都市参事会 decurions が長いあいだ海外をさまよわないように、あるいは皇帝のサービスに加わって、都市政府を騙さないように、彼らが５年以内に彼ら自身の都市政府に戻らないように、彼らの財産は、強制的な公的業務の遂行と、彼らの都市政府の負担のために、彼らの都市の議会に割り当てられるだろう。

　　同12-1-184。都市参事会と政府の役人 apparitors の子供は、たとえ彼らがいつ生まれようとも、<u>期間が過ぎたのちに受け取った皇帝のサービスの特権や表示された時期の前でも（？）</u>、自分自身の生まれた身分に従わなければならない。というのは私たちの慈悲によって、免除が報酬として彼らの両親に与えられたことで充分だからである。

　よくわからないところに下線を引きました。decurion は辞書に載っていませんでしたが、解説に "the local aristocrats who filled the cities senates"「都市の元老院を占める地方貴族」とあったので、先週の講義で出てきた都市参事会と訳しました。apparitor も辞典に載ってませんでした。「役人」というような意味だと思いますが、自信がないので英語も付けておきました。

　井上　「はい、ここでいったん切ります。難しい英語でしたし、普通の英和辞典しか使わなかったわりには、まずまずですが、少し誤訳があります。日本語の推敲も必要です。」

　まずはテキストをきちんと読まないことには、史料の考察もできません。皆さん、テキストを見て下さい。395年の法律からです。冒頭の In order that ＝「～するように」はどこまでかかっていますか？　そう、unless の前までですね。H 君の訳だと、five years までのようです。その結果、5年間は帰って来ないように措置するとなってしまいました。間違いです。unless の前まで、C さん訳せますか？

　C さん　「都市参事会員が、都市政府を騙して、長い間海外をさまよったり、皇帝の業務に加わったりしないように。」

　井上　「はい、結構です。しっかり読んできましたね。この decurions は都市参事会ではなく、そのメンバーですね、参事会員と訳します。参事会が海外をぶらつくというのは変です。」

　ここのポイントは or です。and もそうですが、等しいものを並置します。「A と B」「A か B」です。3つ以上並べる場合は、A, B and C となります。and や or を見たら、何と何を並べているのかチェックして下さい。英文の構造を理解する第1のポイントです。ここは wander と join のいずれかということですね。

　unless も訳しにくい単語です。これに限らず、辞書を引く時は例文を見るようにして下さい。unless の基本は if not です。「も

し〜でなければ」ですね。「戻らないように」ではなく、5年以内に「戻らないならば」没収です。

　「彼らの財産は」以降は、ほぼこれでよいのですが、細かい点をひとつ。shall ですね。H君は「だろう」と訳しましたが、法律では「〜するものとする、すべきである、させよ」と訳します。法史料を読む時には注意して下さい。あと議会というのもちょっと、municipal councils で都市参事会です。市外に出たままの参事会員の財産は都市参事会のものになる、という規定です。

　井上　「428年の184番も訳が少し変です。これも or がポイント。whether... or... となっていますよ。ふたつを並べている。H君、何と何ですか？」

　H君　「わかりました。before 以下と after 以下です。」

　結構です。生まれたのが期間内でも、それが過ぎたあとでも、ということですね。直前の「いつ生まれようとも」を具体的に述べているのです。「というのは」以下は、ほぼこれで結構ですが、ひとつ注意が必要です。Our Clemency は大文字になっています。何故ですか？　clemency の大文字は辞書に載ってませんね。これは our の方から調べて下さい。今さら we や our を辞書で引くなんてと言わずに、特殊な用法ですから。王様や皇帝は、自分のことを I ではなく We というのです。"Royal we（王様の we）" といい、「朕」などと訳されます。この法律は東西のローマ皇帝が共同で出しているので、確かに we ですが、ひとりでも we です。そして大文字です。そういうわけで、Our Clemency は「朕の慈悲」ですが、まあ「慈悲深い朕たちは」と訳せばよいでしょう、ふたりですしね。"Royal we" も法史料を読む時の注意事項です。皆さん、レジュメの訳を訂正しましたか、H君、続けて下さい。

H君　「**2、関連事項の説明**、に移ります。史料解説はどう使ってよいのかよくわからなかったので、とりあえず全訳しました。人物・語句説明として、『古代ローマ人名事典』や『西洋史辞典』で調べたのをコピーしておきました。それぞれ読んで下さい。」

①解説の英文全訳

②アルカディウス＝東ローマ皇帝（在位395～408年）、……。

③ホノリウス＝西ローマ皇帝（在位395～423年）、……。

④テオドシウス＝東ローマ皇帝テオドシウス2世（在位408～450年）、……。

⑤『テオドシウス法典』＝428年発布、……。

⑥decurion＝都市参事会、……。

⑦東西ローマ皇帝の系図

　時代背景も調べてきました。説明します。もともと都市参事会員は都市に奉仕することを名誉と考えていました。都市の見世物や建築物に私財を投じることは誇りだったのです。しかしこの史料が出された時代になると、かつては高貴な義務として受け入れていた公共のための支出が重荷となり、それを避ける風潮が強くなってきました。これに対して皇帝政府は彼らに義務の遂行を要求しました。

　3、コメントにゆきます。この史料から言えることをコメントとして列挙しました。訳がどうもはっきりしないので、コメントも自信がないのですが、次のようにまとめてみました。

①都市参事会は世襲であった。都市参事会員の子供は都市参事会員になった。

②都市参事会だけではなく、政府の役人も世襲であった。古代末期は身分制が厳しかった。

③都市参事会員は都市に対してサービスを強制された。サービスをしないなら、財産を都市に没収された。
④「都市参事会員に子供が生まれると、皇帝からサービスを受けることができる」とレジュメには書きましたが、訳の間違いでしたので、これは省きます。その代わり今気がついたことを言います。メモして下さい。「都市参事会員は任務をさぼろうとしていた。それに対して皇帝は法律で、財産没収の脅しをかけ、強制的にやらせようとした。」
⑤「都市参事会員はしばしば自分の都市を騙して海外に逃亡した。そのような都市参事会員が戻って来ないような措置があった」とレジュメには書きましたが、後半は訳の間違いでしたので省きます。「都市参事会員は義務を逃れようとして市外に逃亡した」と訂正して下さい。
⑥6世紀の後半には都市参事会の仕事は中央の皇帝官僚が吸収した。その結果、都市参事会は使われなくなった。

H君「報告は以上です。参考文献はそこに挙げた4冊です。」
井上「はい、結構です。コメントの⑥はこの史料から言えることというより、解説の紹介ですね。解説はこの史料を理解するうえで重要です。こちらは正確に訳してくれました。討論に活用しましょう。⑥を除いて、H君は、この史料から言えることとして5点挙げてくれました。他にもいろいろなことがこの史料から言えそうですし、疑問もありますね。それでは質疑応答に移ります。」

　　……質問が次々と出て、H君が必死に答える。時々、ピント外れの質問や見解、勇み足の回答があり、先生が割り込む。第1回から理想の「二言演習」というわけにはゆかないよう

122　3年生——西洋史研究法を実践的に学ぶ

　　　だ。……

　いろいろと意見が出て、最初の報告からなかなか中身の濃い討論になりました。議論になった問題や疑問は、このあと他の史料を読んでゆくなかで、答を見つけることができるかもしれません。

　F君から、395年のローマ帝国の東西分裂で、東ローマ帝国と西ローマ帝国は別々の国になったと思っていたのに、皇帝が共同で法律を出しているのに驚いたという感想が出ました。どんな法律が連名で出されるのかを調べてみたら、東西の帝国の関係がわかるかもしれない、というCさんの提言に、H君は、そのためには法律をたくさん見なければならない、たった2つでこんなに苦労するのだから、やめときましょうと答えました。おいおい。

　井上　「皇帝の名前を見るだけですから、そんなに難しくはありません。原則として東西皇帝の連名ですね。どちらかが法を出す時には、他方にも通知することになっていました。」

　史料の読み方について補足説明をしておきます。歴史史料は類型によって、読み方、分析の仕方が異なります。それをしっかり理解するのも演習の目的のひとつです。

　法史料は読み方が難しいのです。独特の表現があるというだけではなく、「表読み」と「裏読み」を使い分けなければならないからです。たとえば、先週紹介した有名なコロヌス立法、コンスタンティヌス1世が332年に出して以降、6世紀まで繰り返し出された、農民の移住を禁止ないし制限した法律です。文字どおり読むと、農民には移動の自由がなかったとなり、古代末期（4～6世紀）は、国家の統制が厳しく、自由がなかった停滞的な時代となります。実際、かつてはそう考えられていました。

　しかし裏読みをするなら、国家がそのような禁令を出すという

ことは、農民の移動が活発だった、目に余るほどだったということになります。停滞的ではなく、自由で活動的な時代だったと、同じ史料からまったく逆の歴史像を描くこともできるのです。今日読んだ都市参事会に関する法律にも同じことが言えます。参事会員の地位を世襲としたことは、確かに身分の固定化をはかるものでしたが、この時代が厳しい世襲制の社会だったかどうか、これだけでは判断が難しいところです。

　時間がありますので、コロヌス立法を例にとって、発想の訓練をしましょう。コロヌス立法は6世紀まで繰り返し出されました。これは何を意味するのでしょうか。どうしても農民の移動を封じたい国家の強い意思が感じられます。と同時に、禁令を無視して移動する農民の姿も浮かび上がります。法律が繰り返されたというのは、守られなかったということですね。ちょっと脱線しますが、農民がよその土地に移ったのはなぜでしょう、そもそもどこへ行ったのでしょう？　ブレーンストーミングと言いますが、思いつくところをどんどん出して下さい。

　Aさん「都市へ行ったのだと思います。都会は魅力的、田舎にいたくないという気持ちです。その気持ちは理解できます。」

　B君「みんなが都市へ行ったのでは経済が崩壊します。農村内での移動だと思います。隣の村に行けば、生活が楽になると考えた農民が多かったのではないでしょうか。「隣の芝生」ということです。」

　Cさん「今のB君の意見を聞いて思いつきました。領主がよその農民をうまい言葉で自分の領地に誘ったのではないでしょうか。つまり労働力が不足していたと思います。」

Aさん 「都市にこだわりますけど、農民が都市へ出たから農家の働き手が不足したんでしょ。」

Dさん 「私もCさんの意見に賛成です。農民の力では国の法律を破れなかったはずで、領主が農民に法律を破るよう仕向けていたのではないかと考えます。」

F君 「それなら、なぜ皇帝の法令がそれを禁じるのか、僕は疑問です。これでは領主が国の言うことを聞かなくなると思います。」

Eさん 「だからローマ帝国は滅びたのではないの。」

F君 「国を滅ぼすような法律を出し続けるかなあ？」……まだまだ続く。

井上 「うまい、うまい。このようにどんどん発想を広げて下さい。ただしその発想が妥当かどうか、史料で確かめる必要がありますね。」

<u>仮説を実証するという点では、歴史学も数学の証明問題や化学の実験と共通です</u>。1番の史料に戻って、都市参事会員の場合はどうでしょうか。なぜ親の後を継ぐのを嫌がったのでしょう。参事会員をやめるためどんな手段を用いたのでしょう？　今度は史料に即して考えてみましょう。

　　　　……またもや侃々諤々の議論。ピント外れの意見も次々と出るが、先生は止めない。……

法史料についてもう1点だけ指摘しておきます。法律は明快に定められた固定的なものです。でもその史料を使って社会の変化を読み取ることもできます。史料の1番をみると、都市参事会が本来の機能を果たさなくなっていること、それに対して、国家が参事会の制度を維持しようとしていることがわかりますね。都市

参事会がきちんと機能していたら、こんな法律を出す必要はありません。また、都市参事会が完全に解体してしまったら、このような法律を出す意味がありません。そういう意味でこの法律は、ひとつの制度が崩壊してゆく過渡期を語っています。まさに古代から中世への過渡期ですね。さっきH君はこんなややこしい史料は2つだけでたくさん、とボヤいてましたが、時代を追ってみてゆくと変化がより一層はっきりします。

『テオドシウス法典』を見ると、12巻1章は表題が「都市参事会」で、何と192も関連の勅令が並んでいます。ずっと見てゆくと何かわかるかもしれません。ただ、H君も説明してくれたように、『テオドシウス法典』は428年の編纂ですから、それ以降の法律は載っていません。428年以降はどうして調べたらいいのか、その点は関連史料が出て来た時に説明します。

皆さんには黙っていましたが、実は、『テオドシウス法典』は一部翻訳があります。古代末期を研究している人たちで作っているテオドシウス法典研究会が、1993年から毎年、注釈つきの翻訳論文を刊行しているのです。まだ続いています。気の長い仕事ですが、学問というのはそういうものです。このあともテキストに『テオドシウス法典』が出てきますので、もしも日本語訳があったら担当者は大儲けですね。

訳を探す時に、テオドシウス法典研究会の論文が載っている雑誌に注意して下さい。最初は『専修大学法学論集』という雑誌に連載されていたのですが、途中から『立教法学』、さらに『法政史学』と変わっています。このように大学から出ている学術雑誌を紀要といいますが、紀要論文は見落とすことが多いので、文献調査でも要注意です。

法史料の読み方について少し説明しました。他の史料、たとえば年代記などの場合は、また違った読み方が必要になります。テキストでもこのあと、6世紀の歴史家、プロコピオスやマララスの歴史書が出てきますので、その時に勉強しましょう。

……（中略）……

井上　「今日はH君、Gさんの報告でした。1回目にしては討論が活発でしたね。やはり先週のコンパがよかったのでしょう。来週は3つの史料を読みます。報告者はF君、Eさん、Dさんです。それじゃ、また来週。」

第13週　自由研究発表「古代エジプトの女性」

井上　「こんにちは、先週から順番に自由研究発表で、今日はF君とEさんです。」『演習発表・卒論中間報告の技法』(仮想大学HP)↗

……（中略）……

F君の「古代末期のバルカン国境」は、英語の文献も参照していて、まるで卒論演習のような報告でした。次はEさんです。レジュメは配布されていますね。タイトルは「古代エジプトの女性」ですか、古代エジプト史というのは人気のあるテーマですね。このところ毎年のように卒論が出ています。しかもそろって優秀な卒論です。Eさんも伝統を受け継ぐよう、その第一歩として、しっかり報告して下さい。

Eさん　「そんな伝統は知りませんでした。プレッシャーを感じます。私は2年生まで古代ギリシアをやろうと思っていましたが、3年になってテーマを変更しましたので、今日は簡単な報告です。ごめんなさい。」

井上　「報告する前から謝る必要はないですよ。」

Eさん　「いえ、どうせですから、早い目に……。それでは始めます。レジュメを見て下さい。」

1、ピラミッド型社会

　古代エジプト社会は、半人半神の王（ファラオ）から奴隷までピラミッド型の社会でした。レジュメに列挙したような多くの階層に分かれていました。もちろん女性はこのピラミッドのそれぞれにいます。女王もいました。……

2、女性のイメージ

　女性を描いた絵画が残っていますが、ほとんど上流階級の女性です。男性は身分が高くなるほど肥満体で描かれるのに対して、女性はほっそりとした外見です。ただし、エジプトの絵画はギリシア・ローマのような写実的なものではなく、理想を描くものだったようで、絵画の女性も実際の女性の姿とはいえないようです。絵画の例として、レジュメ図版の①は……

3、教育・職業訓練のシステム

　男性と女性で職業訓練のシステムが違ったようです。男性は父親から職業訓練を受け、女性は母親から家事などを教えられました。上流階級ではなくても、庶民でも月謝さえ払えば、学校で学ぶことができ、それによって職業の世襲制から抜け出すことができたのですが、学校で学ぶのは男子にほぼ限られていたようです。……

4、男女の仕事分担

　男女の仕事は基本的に、男子は家の外、女子は家の中となっていたようです。女性の一番の仕事は後継者を産むこと、子供を育てることでした。子供の教育にはとくに母親が大事だと考

えられており、その点で母親は敬われていました。

　絵画には女性の働く場面もあります。戸外での畑仕事や市場での取引は男が中心ですが、女も手伝っていました。食べ物関係や機織りなどが女性の中心的な仕事でした。楽師や哭き女などという特殊な仕事もありました。そして女中がかなりいたようです。これも家のなかの仕事です。……

5、女性の権利

　女性にはみずから財産を所有し、処理する権利がありました。自立の可能性をもっていたのです。神殿に出入りする女性もいたほどです。実際、王国時代には女性の権利は大きく、財産所有権の他、裁判を受ける権利もあったようですが、ギリシアの影響を受け、さらにローマの支配を受けて、女性の権利や特典はほとんど失われてしまいました。比べてみて、前に勉強したギリシアと、今回勉強したエジプトとの違いが気になりました。
……

6、まとめ

Ｅさん　「まとめというより、感想です。長くなりましたが、レジュメを読みます。」

　　古代エジプトの女性は、他の古代社会の女性に比べてはるかに自由であった。それは財産の所有を認められていた、という部分が大きいのだろうと推測される。ギリシアの女性は父か夫、どちらかの所有物でしかなく、法的な権限を行使するにも彼らの同意が要った。経済的な自立が保障されているというのは、古代エジプトの女性を生きやすくしたに違いない。しかし、だからといって、女性が積極的に社会進出を図っていたかというとそうではなく、あくまで女性の主たる活

動の場は家のなかであり、そこでは男性も女性に遠慮する部分があった。男性も女性も古くから受け継がれるそれぞれの「役割」の中で、そこから無理に抜け出そうとは考えず、生活を営んでいた。もちろんそれは女性が教育の面で制限されていた、ということが深く関わるだろう。

　書記は、庶民であっても手の届く手っ取り早い出世コースであり、庶民階級が中枢部の政治から完全に切り捨てられてはいなかったことを示している。しかし高等教育を受けられないということで、女性には最初からその道が閉ざされていた。だが、それが女性差別の結果というわけではなく、女性、とくに母親はエジプト社会のなかで敬われる存在だった。もちろん男性が優先的であったことに違いはないだろうが、これは当時の社会のなかでは男女差別というよりも、「役割分担」として当たり前のことだったのではないかと思われる。

　絶対的な王が支配するエジプトでは、それぞれの階級間の差別や男女差別よりも、皆すべて王に従う者、という意識の方が強かったのだろうか。

Eさん　「以上です。やっぱりすみません。あっ、参考文献はレジュメの最後に挙げた通りです。」

井上　「うーん、確かに、勉強を始めたばかりという感じですね。でも、テーマを変更してすぐのわりにはいろいろと調べてきました。この馬力ならF君にもすぐ追いつきます。皆さんもテーマ変更するのは3年生のうちですよ、4年になって変更するとまずいことになります。下手すると留年です。それじゃこれから質疑応答に入ります。」

……（中略）……

誰でも最初は、こんな感じの、調べたことを列挙したという発表になります。大切なのはこのあとです。とりあえず大雑把に調べたあと、次は、テーマを絞り込んで文献を読み、考察を加えるという作業が待っています。Eさんは、2年の時にやったギリシアの女性と比べていますが、卒論には直接つながらなくても、広い視野でエジプトを見るという点でとても良いことです。

　「6、まとめ」の文章は昨日の晩、必死で書いたようですね。Eさんがいろいろな本を読んで、整理しきれず迷っている様子が素直に出ています。「あれもある、これもある。ああでもない、こうでもない」というまとめですね。2年の基礎講読でも言いましたが、すなおな人は研究に向いてません。卒論へ向けてまとめてゆく時には、心を鬼にして、切るものは切り、捨てるものは捨ててテーマを絞り込んで下さい。

　井上　「広い視野と絞り込んだテーマ、それが良い卒論の条件です。今日はこれで終わります。」

第15週　まとめ ——史料を整理して小論文を書く

　井上　「おはようございます。この授業では、1回に2つか3つ、全部で24の史料を読みました。ひととおり読んだあと、いったんまとめの討論をしましたね。その際に気づいた点を中心に、個人研究発表の合間を利用して、各自、史料を読みなおし、古代末期の都市がどういうものだったのか、整理しておくよう言いましたが、ちゃんと見直してきましたか。今日は、24の史料を再確認して、小論文にまとめてもらいます。」

　これらの史料からどのようなことがわかるか、いくつかの史料

を相互に比較すると、ひとつの史料ではわからなかった新しい発見もあります。勉強すればするほど発想も豊かになるということです。その際に、２回目の授業で勉強した「古代末期の都市」の概略を思い出して下さい。授業で聞いた概略と、そのあと史料を読んでわかったこと、考えたことを比べてみて下さい。あれっ、先生はこう説明したけれど、本にはこう書いてあるけれど、史料の言うことは違うのではないか、そういう発見があるかもしれません。それがまさに歴史の研究なのです。<u>これまで誰も言わなかった、気づかなかったことを自分が発見する……、研究の面白さ</u>です。そのために必要なことを挙げておきます。研究のために必要な能力や心構えです。

(1) 本に書いてあること──学説と言います。そのなかでも多くの学者が認めている学説を通説と言います──をしっかり知る。敵を知らなければ戦いは始まりません。憶える歴史も必要ですね。

(2) 批判精神。あらさがしをする精神。以下の研究能力の根底にこの精神があります。

(3) 史料や文献をしっかり読む、読解能力。とくに外国語の読解能力。

(4) 学説や史料から問題点を見つける、問題発見能力。

(5) 問題に対して筋道だった答を出せる、論理的思考能力。

(6) 自分の見解・意見をきちんと説明できる、表現能力。

演習ではこういった能力を養ってきました。最後の(6)表現能力については、これからまとめる小論文で磨いて下さい。後期には卒論へ向けての準備レポートも書いてもらいます。

……（中略）……

井上 「時間が来ました。演習の授業はこれで終わります。全員、卒論へ向けて着実に進んでいます。自由研究発表でも何人か、F君のように、卒論の中間発表の水準まで行った人がいました。Eさんも自信をもって研究を進め、伝統を受け継いで下さい。それではまた、後期の授業で会いましょう。」

後期 「西洋史講読」ドイツ語講読
──外国語の専門書に挑戦

第1週 開講 ──ドイツ語と英語

井上「こんばんは、「ドイツ語講読」の井上です。ここまで来るといよいよ研究者気分ですね。なにしろ原書を読むのですから、それもドイツ語です。」

　西洋史コースでは<u>第2外国語を重視</u>しています。最近は、どの学問分野でも英語が中心で、英語さえできれば商売はもちろん、研究も出来るといわんばかりの風潮ですが、さすがに西洋史は英語だけではなく、研究のためにいろいろな言語を用います。また<u>多くの言葉を学ぶことは発想を豊かにし、優れた研究を可能とします</u>。西洋史講読は、英語・ドイツ語・フランス語の3クラスあります。3つのなかから選択してもらえればよいのですが、研究者をめざすからには、ドイツ語かフランス語のクラスを受講して下さい。英語は前期の演習で一応やりましたからね。

　フランス語講読は隣の教室ですので、間違えないように。3年前でしたか、自分はフランス語講読を受けているつもりなのに、ドイツ語のクラスにいたという惚けた人がいました。皆さんは大丈夫ですね。ここはドイツ語講読のクラスですよ。

　この授業では難しいドイツ語の原書を読みます。まずテキストの H. W. Haussig, *Kulturgeschichte von Byzanz*, Stuttgart, 1966(『ビザンツ文化史』)を配ります。最初のところを見て下さい。さ

っぱりわかりませんね。さすがは原書、専門書、ありがたい思いがします。1年、2年の時に使ったドイツ語の教科書とはずいぶん違うでしょ。

> ☠ **H. W. Haussig, *Kulturgeschichte von Byzanz***
>
> Einleitung: Das Phänomen der byzantinischen Kultur
>
> 　Dieses Buch erzählt die Geschichte einer Kultur. Eine Kultur lebt und stirbt wie ein Mensch, und auch für sie bedeutet der Tod nichts Entgültiges, wo alles zu Staub wird, ohne Spur oder Erbe zu hinterlassen. Wie der Mensch in seinen Werken fortlebt, so gibt auch die Kultur das, was sie in den Jahrhunderten ihres Lebens geschaffen hat, als geistiges Erbe weiter und läßt es fortwirken von Geschlecht zu Geschlecht.……
>
> 　…… Was wäre die abendländische Kunst ohne die Gestalt des am Kreuz sterbenden Heilandes mit jenem Ausdruck des Schmerzes in den Zügen, der dem Gesicht erst den menschlichen, uns alle ergreifenden Ausdruck gibt? Wer möchte die in tiefer Mütterlichkeit sich über ihr Kind beugende Madonna missen?……
>
> ※＿＿＿はシャーロック・ホームズ（144ページ）、〰〰〰は遠距離恋愛（145ページ）、＿＿＿はハンバーガー（149ページ）。

このテキストをこれから読んでゆきますが……、ちょっと、まだ席を立たないように。英語講読のクラスに代わりたい？　まあ、

最後まで聞いてから受講するかどうか決めて下さい。「慌てる乞食は貰いが少ない」と言いますよ。そんな格言知らない？　そうですか、うちの近所だけで使ってるローカルな格言なのかな。

　この授業では内容を理解しよう、歴史の知識を身につけよう、といった大それたことは思わなくて結構です。文法の復習、構文の理解をめざす授業と考えて下さい。文法を手がかりに難しい文章を正確に読めるようにします。そのひとつの方法として英語との比較に力を入れます。最初にそのことを話しておきましょう。退席する人もそれを聞いてからにして下さい。

　<u>外国語を読むポイントは語彙と文法</u>、このふたつが重要です。気合いを入れるため、みんなで言って下さい、「はいっ、語彙と文法」……（誰も言わない、気まずい沈黙）……

　ドイツ語と英語は姉妹の言葉です。それぞれの歴史のなかで独自の変化・発展をしましたから、英語はフランス語の影響を強く受けましたし、時代とともにいい加減な言葉になってゆきましたので、随分違う言葉のように思いますが、言葉の一番基礎的な部分——そうです、語彙と文法はよく似ています。そもそも基本的な動詞・名詞・形容詞・代名詞・接続詞などは同じです。テキストの最初の数行だけ見ても、なんとなく英語が浮かぶような単語がずいぶんありますね。

　　Phänomen = phenomenon（現象）、byzantinisch = byzantine（ビザンツの）、dieser = this（この）、Buch = book（本）、Kultur = culture（文化）、leben = live（生きる）、und = and（そして）、　für = for（〜のために）、　alles = all（＝すべて）、……

などよく似ています。leben と live はだいぶ違う？　dieser と

this は似ても似つかない？

　ドイツ語の動詞（原形）は en ないし n に終わりますが、英語も、もともとは en という語尾を持っていました。のちにそれが脱落したのです。だからドイツ語の singen（歌う）は、英語では sing ですね。英語でも en が残っている happen, listen のような動詞もあります。上に挙げた live は半分 (e) だけ残っています。

　違うように見えても、英語とドイツ語の子音交替を理解すれば同じ単語だとわかります。たとえば、ドイツ語の d が英語では th となることがあります。danken – thank（感謝する）も、英語では語尾の en が落ちていることを考え合わせると、同じ単語ですね。つまり dieser と this は同じです。他にもたとえば、英語で d となるところがドイツ語では t など、子音交替のパターンがあります。gut – good（良い）は知ってるでしょう。テキストでも少し下に Hundert – hundred（百）が見えます。まあ、おいおい勉強してゆきましょう。

　文法というか、文章の組み立て、構文も、主語 S ＋ 動詞 V ＋ 目的語 O といった語順など、英語とドイツ語の基本は同じです。日本語とは随分違います。悔しいけれど仕方ありません。ただ、あとから説明しますように、ドイツ語の用法には英語より日本語に近い部分もあります。お楽しみに。

　そういうわけで、英語と比べながらドイツ語を読むという方式でゆきます。では試しに、このややこしいドイツ語の文章を単語単位で英語に訳してみます。ひとつひとつのドイツ語単語を英語に置き換えるのです。さらにその下に日本語も入れてみましょう。少しやってみます。黒板に書いてゆきますから、皆さんもノートに書いてみて下さい。

Einleitung:	Das	Phänomen	der	byzantinischen	Kultur
Introduction: The		phenomenon	of the	byzantine	cultur
序論、		現象	の	ビザンツの	文化

【序論　ビザンツ文化の現象】

　表題から見てゆきます。英語とドイツ語は同じですね。たとえば、女性名詞の Kultur が、英語の culture だということはすぐわかります。フランス語でも culture、やはり女性名詞です。ロシア語では культура で、アルファベットが違うのでピンときませんが、ロシア語の р はローマ字の r なので、ローマ字アルファベットで書くと kul'tura となります。これだと同じ単語だとわかりますね。ロシア語でもやっぱり女性名詞。英語は名詞に性がないので面倒がない、楽な言語です、さっきはいい加減なと言いましたが……。そうか、文化は女性なのか、ラテン語の伝統かな……（先生ひとりで頷いている）。

　ところで Kultur と culture は同じ単語なのですが、微妙に意味が違います。今のところは独 Kultur ＝英 culture と考えてもらって構いませんけど、厳密に言うと、この Kultur は英訳するなら civilization とすべきところでしょう。この授業では語彙のことはあまり重点を置きません。でも、いよいよ専門論文を読むという時には、辞典をていねいにひいて下さい。テキスト本文に入ります。

Dieses	Buch	erzählt	die Geschichte	einer		Kultur.
This	book	tells	the history	of a		culture.
この	本	語る	歴史		ひとつの	文化

138　3年生——西洋史研究法を実践的に学ぶ

【本書はある文化の歴史を述べている。】

Eine	Kultur	lebt	und	stirbt	wie	ein
A	culture	lives	and	dies	as	a
ひとつの	文化	生きる	そして	死ぬ	ように	ひとりの

Mensch,	und	auch	für	sie	bedeutet	der	Tod
man,	and	also	for	it	means	the	death
人間、	そして	も	とって	それ	意味する		死

nichts	Endgültiges,	wo	alles	zu	Staub	wird,
nothing	final,	where	all	to	dust	becomes,
無	最終的、	そこ	すべて	へ	塵	なる、

ohne	Spur	oder	Erbe	zu	hinterlassen.
without	trace	or	heritage	to	leave behind.
なしに	跡形	あるいは	遺産	こと	残す。

【文化は人間と同じく生まれて死ぬ。そして文化にとっても死は、跡形も遺産も残すことなく、すべてが塵となるような最終的なものを意味するのではない。】

日本語の逐語訳はむちゃくちゃな文章ですが、逐語訳の英語はこれでもだいたい文章になっていますね。英語だけにしますと、

　　　This book tells the history of a culture. A culture lives and dies as a man, and also for it means the death nothing final, where all to dust becomes, without trace or heritage to leave behind.

となります。This book tells the history of a culture なんか、これでなんとか英語ですね。しかもひとつひとつの単語もよく似ています。ドイツ語と英語が姉妹の言葉で、日本語はあかの他人だということがよくわかります。英語に逐語訳しておかしいところはドイツ語独特の表現法です。der という冠詞が英語では of the になってますね。einer も of a に。ここらあたりにもドイツ語の特徴が現われています。冠詞が変化するのです。授業では変な英語になるところを中心に勉強してゆきます。すなわち「独英比較勉強法」です。小型で結構ですから、独英・英独辞典を用意して下さい。

♥ 冠詞について補足──井上文法ノートより

　定冠詞と不定冠詞の違いに注意。英語も基本的には同じです。表題の der Kultur と本文1行目の einer Kultur の違い、1格でいうと die Kultur と eine Kultur の違いです。日本語に訳すとどちらも「文化の」「文化が」なんでしょうが、ニュアンスが違います。定冠詞の場合は「特定の、話者・読者にはわかっている文化」、不定冠詞の場合は「あるひとつの不特定の文化」です。たとえば英語で the city と出てきたら「都市」と訳せばよいのですが、その際にも「特定の（the が付いているので）、ひとつの（単数形ですから）都市」を指しているわけで、具体的には大阪なのかニューヨークなのかわかった上で「都市」と訳すこと。場合によっては「大阪」と訳した方がいいかもしれません。

　具体的には次のように進めます。作業のかなりの部分は自宅学

習です。予習をしてもらわなければなりません。講義科目は授業時間にノートをとり、それを整理する復習が中心ですが、演習や講読は予習が大事です。予習は次のようにして下さい。

(1)テキストを声を出して読む。

(2)テキストをノートに書き写す。読解ノートと読んでおきましょう。文法・構文に関するコメント・説明が書き込めるよう、行間を充分とっておく。

　※書き写す時には、（間違えない範囲で）なるべくテキストを見ないようにする。つまり一語一語書き写すのではなく、単語のかたまり、短い文章なら文章ごとに書き写す。どんな言語をやる場合でも、この方法はとてもいい勉強になります。お勧めです。

(3)もう一度読む。――時間があれば繰り返し読む。

(4)読解ノートに文法、構文の説明を書き込む。名詞・形容詞・冠詞などの性・数・格、動詞の変化（時制・人称・数）、関係代名詞の係り方、主文と従属文……。主語はどれか、不定詞の用法？代名詞が何を受けているのか？、…………。文章の構造をきちんと解析する。

(5)文法・構文の説明・解説を書き込むときには、できるだけ日本語で単語の意味を書かないようにする。日本語に引きずられて、ドイツ語の構文理解が妨げられる危険性があるので。

♥ 文法無視の直感翻訳？

　前期の演習で英語のテキストを読みましたが、皆さんの読解を見ていて一番気になったのがこれです。つまり英語の文構造を無視して、単語の意味から直感的に訳しているのです。単語の日本

> 語訳を頼りに、意味の通る文章を適当に考えるというやり方です。たとえば、The dog was bitten on the leg by Hanako. という文章を見て、「dog犬」「bite咬む」「leg足」「Hanako花子」とあるので、was, on, by などは無視して、こんなもんだろうと、「犬が花子の足を咬んだ」と訳すようなものです。もちろんこの文の意味は「その犬は花子に足を咬まれた」「花子が犬の足に咬みついた」です。be + 過去分詞なので受動態ですね。咬むという動作をしたのはbyのあとの花子。語彙と文法と言いましたが、皆さんの場合は、まず文法をしっかり復習する必要があります。wasとかbyといった絶対辞書は引かない、という単語にこそ注意して訳さなければいけません。

　もちろん単語だけざっとみて大意をつかむという読み方も大切です。研究者になるためには、大量の資料・文献を読まなければなりませんから、この読み方も習得する必要があります。しかし、きちんと読めない人、基礎ができていない人には、速読は無理です。この授業では、まず正確に読むことをめざします。

　(6)別途に文法ノートを作って下さい。「井上文法ノート」（電子ファイル付）を配りますから、これをもとに、文法書も参考にしながら、説明や例文も加えて、<u>自分専用の文法ノート</u>を作って下さい。文法ノートは追加・補充・訂正ができるように電子ファイルにして、プリントアウトして手元におくように。プリントに追加・訂正を行ない、ある段階でまとめてファイルを修正して、再度プリントアウトする。その繰り返しで、完璧な、使いやすい自分専用の文法ノートができます。

　※「井上文法ノート」は、テキストの最初の数ページに出て

くる用例をまとめただけのずぼらなものです。ところがそれだけでも、文法事項をほぼ網羅する文法ノートができます。精読の効果です。

授業時間には次のようなことをします。

(1)アトランダムに当てます。当たった人は、まずドイツ語を大きな声で読んでもらいます。すっと読めない場合はもう一度。

(2)読解ノートを見ながらで結構ですから、日本語に訳して下さい。ゆっくり訳して下さい。うまく訳せない場合は、次の人に当てます。これもアトランダムです、油断しないように。難しい箇所については私の方から質問をします。誘導尋問と考えて下さい。

(3)読解のポイント、文法事項やドイツ語構文の特徴を説明します。読解ノートや文法ノートに補足を加えて下さい。もちろん歴史学の専門用語も説明しますが、それはおまけ。

復習は次のようなことです。

(1)読解ノートを見直して文章の構造を確認する。

(2)文法事項を整理して、文法ノートに追加記入する。

これで、文法・基本構文は完璧。あとは語彙を増やすこと、そして多様な文章表現（とくに歴史論文特有の語彙・表現）に慣れてゆけばよいだけです。

井上　「勉強法はフランス語講読でもだいたい同じような要領です。」

うしろのドアが開いて学生が入ってくる。「フランス語のクラスに出ていたのですが、先生が鬱陶しいのでドイツ語に変わろうと……」（と言いかけて呆然としている）。「どうしました？」「フランス語と同じ先生？……」「そうです、フランス語講読担当の井上です。」「ここは？」「ドイツ語講読のクラスです。」「どうして

同じ先生が同じ時間に？」「仮想大学ですから、時間と空間を超えてます。テキストを渡しますので空いている席に座って下さい。」「は、はあ……」

井上　「ここで少しドイツ語から離れて、手元のプリントを見て下さい。また英語です。シャーロック・ホームズの最初の短編『ボヘミアの醜聞 Scandal in Bohemia』の一節です。サービスとして、日本語訳も付けておきました。」

☠ C. ドイル『ボヘミアの醜聞 Scandal in Bohemia』

"The paper was made in Bohemia," I said.

"Precisely. And the man who wrote the note is a German. Do you note the peculiar construction of the sentence――'This account of you we have from all quarters received.' A Frenchman or Russian could not have written that. It is the German who is so uncourteous to his verbs. It only remains, therefore, to discover what is wanted by this German who writes upon Bohemian paper,……

♥ 延原謙訳（新潮文庫）

「するとこの紙はボヘミア国製なんだね？」

「正にそのとおり。そしてこの手紙を書いた人物がまたドイツ人だ。This account of you we have from all quarters received（この点はわれら各方面より聞知するところに候）なんていう文章の組みたてが変じゃないか。フランス人やロシア人なら、こんな風には決して書かない。動詞をこんなに虐待して、文章の最後にもってゆくのは、ドイツ人にかぎる。だからあとは、ボヘミア製の紙を使うこのドイツ人が、何を求めているか、……というこ

とだけが、問題としてのこるわけだが、……」

　<u>この動詞を虐待する（？）というのもドイツ語の特徴、英語との違いです。シャーロック・ホームズの規則と呼んでおきましょう</u>。動詞が最後というのは日本語と同じです。テキストでも頻繁に出てきます。それにしてもイギリス人が羨ましいですね。先にやったように、機械的に英語に置き換えていって、そこそこ訳せるのです。このドイツ語丸出しの、下手くそな英文手紙でも、ホームズにちゃんと通じています。そうですね、英語ができればドイツ語は簡単です。この授業のもう一つの目標はドイツ語と比べながら英語をしっかり理解してもらうことです。一石二鳥作戦というわけです。あぶはち取らずにならないよう頑張って下さい。

　井上　「1回目の授業はこれで終わりです。来週から本格的に始めます。この授業を受ければドイツ語の基本がわかり、辞書を引き引きとはいえ、論文が読めるようになります。そのためにしっかり予習をして下さい。難しいテキストに挑戦するのは、なんとなく暗号解読のような楽しみがありますね。えっ、苦しいだけ？ともかく先ほど説明した要領で予習をしてきて下さい。」

♥ドイツ語が読めないわけはない!!

　シャーロック・ホームズからもうひとこと。『踊る人形 The Dancing Men』の事件で、暗号を解読したホームズに犯人が言います。「この暗号は我々の仲間しか知らないはずなのに、どうしてお前が読めるのだ？」ホームズ答えていわく、What one man can invent another can discover.「人間の創ったもので、人間に解けないものはありません。」ドイツ語は難しいけれど、やはり人間の創った

もの、読めないわけがない。ましてや、辞典も文法書もあるのですから。これもホームズの規則です。

第3週　難解なテキストと格闘 ── ホームズとハンバーガー

井上「おはようございます。出席をとります。全員いますね。」
　先週からドイツ語の原書を読み始めましたが、ていねいに文法の復習をしながら読んだので、10行ちょっとしか進みませんでした。とくに分離動詞に悩まされましたね。恨みのweitergeben（伝える）でした。<u>分離動詞というのは、遠距離恋愛か単身赴任のようなもので、遠く離れているのにカップル</u>という分かりにくいやつです。しかもgibtもweiterも「彼女いません」「独身です」という顔をしていますので、見破らないと厄介なことに巻き込まれかねません。注意が必要です。それはともかく、このペースで読むのでは卒論で使い物になりません。だんだん進度を早くしますので、しっかり予習してきて下さい。読解ノート作ってますか。

　それじゃ、テキスト、辞典、文法書、読解ノート、文法ノートを出して下さい。先週の続きからです。Bさん、最初の文章を読んで訳して下さい。あれっ、ずいぶん長い、ややこしい文章ですね。頑張って下さい。

Bさん「Was wäre die abendländische Kunst ohne die
　　　　　何　　　　　西欧の　　　　芸術　　なしに
Gestalt des am Kreuz sterbenden Heilandes mit jenem
姿　　　　　　十字架　死んでいる　救世主　　　あの

Ausdruck des Schmerzes in den Zügen, der dem Gesicht
表情　　　　苦悩　　　　　　　　顔　　　　　　容貌
erst den menschlichen, uns alle ergreifenden Ausdruck gibt？
最初に　人間的な　　我々　つかんでいる 表情　　　与える？

　えーと？　何が西欧の芸術であるのか、……十字架の姿なしで、死んだ救世主は苦悩の表情で、顔に最初に人間になった。私たちすべてが表情を理解した。……わかりません……」

井上　「はい、難しいですね。これは難しいドイツ語です。C君にも訳してもらいましょうか。」

C君　「えっ、僕？　えーと、十字架の姿のない西欧の芸術は何か、それは死んだ救世主である。うーんと、わかりません。」

井上　「誰か訳せる人いますか？、誰も？、それではみんなで読解ノートを作り直しましょう。Bさん、黒板に今の文章を書いて下さい。……はい。ありがとう。それではこの暗号のようなドイツ語に挑戦します。まず主語は何かな？、Bさん。」

Bさん　「西欧の芸術 die abendländische Kunst ですか？」

井上　「そうですね。では動詞は？」

Bさん　「wäre です。」

井上　「wäre って何ですか。」

Bさん　「何ですかと言われても……。～であった、です。」

井上　「確かに sein、英語の be 動詞ですね。でも少し変な形してません？　ウムラウトなんかあって。C君、わかりますか。」

C君　「接続法です。」

井上　「偉い！、皆さん、接続法、習いましたね。ちょっと違うけど、まあ英語で言うところの仮定法です。」

C君以外　「（顔を見合せながら）確か習いましたが、完全に忘

れました。」

　それじゃ、読解ノートはいったんおいて、文法ノートを見て下さい。14–15ページに接続法の説明があります。

♥ 接続法──井上文法ノートより

　接続法には2種類ある。第1式と第2式である。それぞれいろいろな用法があるが、ここでは学術論文によくみられる用法を説明する。順番は逆だが、第2式から。

接続法第2式＝仮定法（事実と逆の仮定）と押さえる。他にも「願望」とか「控えめなお願い」などにも使うが、歴史学の論文ではめったに出てこない。

(1) wenn（＝ if、もし～なら）、という条件文と、結論部（主文）からなる。

　Wenn ich Geld　hätte, kaufte　　ich das Buch.
　If　　I　money had,　would buy I　the book.
　（お金があったら、あの本を買うのに）

　wenn（＝ if）で始まる条件文では動詞は最後におかれる＝シャーロック・ホームズの規則

(2) ドイツ語でも英語と同様に、wenn 文を用いずに「もし」を表現することがある。

　Ohne　　ihn wäre　　　ich längst　　verhungert.
　Without him would be I　　longest　hungered.　⇒　Without him I would have already starved.

　この ohne（～なしに＝ without）もそのひとつ。ohne に「もしも～がなかったならば」という仮定がこめられていることに注意すること。接続法を見逃して、「彼がいなかったので、私はとっ

くに飢えてしまった」と訳すと間違い。この誤訳は致命的である。実際には「彼はいた」のであり、「私は飢えていない」のである。「飢えていただろうに」という事実と反対の想定をしている接続法である。見抜くコツは英語の場合と同じく、結論部（主文）の接続法＝仮定法である。だから動詞の変化を憶えなければならない。

　用例：テキスト11ページ13行目 Was wäre die abendländische
　　　　Kunst ohne ……

…… (中略) ……

接続法第１式＝間接話法と押さえる。他にも用法はあるが、歴史学の論文では間接話法以外はあまり出てこない。なお第２式も間接話法に使う。

　用例：テキスト11ページ……（中略）……

歴史学の論文では、他の研究者の学説や通説を紹介する時に、接続法第１式を用いることが多い。間接話法の一種である。接続法ということを見落とすと、著者が反対している学説を著者の見解と考えてしまうような、致命的な間違いを犯しかねない。

井上　「文法ノートにもこの文章を用例として挙げておきました。ohne 以下のものがなかったならば、西欧の芸術は何だったのだろう？　という接続法の疑問文です。では ohne 以下を確認しましょう。戻ってＢさん。」

Ｂさん　「十字架の姿がなかったなら、です。」

井上　「十字架の姿なら die Gestalt des Kreuz ですね。am はどうなります？　はい、Ｃ君。」

Ｃ君　「十字架の上の姿、です。」

井上「それも変ですね。そもそも am ってなんですか？　そう、an dem = on the の省略形ですね。des an dem Kreuz ですね。すると Kreuz に冠詞がふたつも付いてますよ？？」

Bさん、C君「？？？」

井上「これもまた英語とドイツ語の違いのひとつです。しっかり習得しましょう。読解ノートに戻って下さい。黒板のドイツ語に色チョークで説明を入れてゆきます。ドイツ語の特徴のひとつは、<u>冠詞と名詞のあいだに修飾語が入る</u>ということです。<u>ハンバーガーの規則</u>と言いましょう。英語の場合は形容詞ならあいだに入りますが、その他の修飾語は名詞の後ろにおかれます。ドイツ語は目的語や副詞を含む長い修飾語でも、冠詞と名詞のあいだ、つまり名詞の前におかれるのです。そのつもりで読解ノートを見て下さい。この des am Kreuz の冠詞 des がかかっている名詞は何ですか。そう、Heilandes ですね。des Heilandes「救世主の」という２格の名詞の、冠詞と名詞のあいだに修飾語 am Kreuz sterbenden が挟まれているのです。

いつものように英語と比べてみましょう。

des	am	Kreuz	sterbenden	Heilandes
of the	on the	Cross	dying	Saviour
	上で	十字架	死んでいる	救世主

ちゃんとした英語なら、the Saviour dying on the Cross =「救世主　死んでいる　上で　十字架」となります。ドイツ語はシャーロック・ホームズの規則で動詞（現在分詞）の「死んでいる」が、「十字架の上で」のうしろに置かれるので、「上で　十字架　死んでいる　救世主」と日本語の語順に近いですね。

ノートに文章の構造を書きこんで下さい。訳は書かなくても構

いませんが、「十字架のうえで死んだ救世主の姿がなかったなら、西欧の芸術はどんなであっただろう？」となります。ひとつわかりましたが、まだまだ文章は続いています。mit 以下ですね。mit jenem Ausdruck des Schmerzes in den Zügen、はい、Bさん。」

Bさん　「顔に苦悩の表情を伴って。」

井上　「結構です。mit 以下は前の救世主を修飾しています。「顔に苦悩の表情を浮かべ十字架で死んだ救世主の姿」ですね。文章の構造を板書しますので、読解ノートに記入して下さい。さらに次に行きます。Bさん。」

Bさん　「あの、やっぱり Gesicht にふたつも冠詞があるのですが？　der dem Gesicht となってます。」

井上　「Dさん、どうですか？」

Dさん　「der は関係代名詞です。前の Zügen にかかります。」

井上　「惜しい。確かに関係代名詞ですが、先行詞は Zügen ではありませんね。Zügen は複数形ですね。戻ってBさん。」

Bさん　「男性名詞単数の Schmerzes（苦悩の）にかかる関係代名詞 der です。」

井上　「結構ですね。辞書を引く時には意味だけではなく、男性名詞か女性名詞かも確認しましょう、単数・複数にも気をつけて。それでは関係代名詞節を訳してみましょう。関係代名詞節を訳す場合に、思い出してほしいのが、シャーロック・ホームズの規則です。動詞 gibt は最後になります。逆に言うと、どこまでが関係代名詞節なのか、動詞でわかるのです。はい、Bさん。」

Bさん　「人間的な我々が理解する表情を与えるところの」

井上　「関係代名詞を「～のところの」と訳すのはあまり良い

日本語ではありませんが、初心者ですから仕方ないですね。今の訳でほぼいいのですが、人間的な menschlichen がこの文章のなかでどういう役割を果たしているのか、Eさん、わかりますか？」

Eさん　「uns（我々）にかかっています。人間的な私たちです。」

井上　「menschlichen のあとにコンマがありますよ。」

ピリオド、セミコロン、コンマ、コロンなど句読点も大切なので、また別に勉強しますが、コンマの基本は少し切れるということですね。我々を修飾しているのではないのです。これもドイツ語独特の表現で、この「人間的な」はあとの Ausdruck（表情）を修飾しています。ここも先にみた冠詞と名詞のあいだに修飾語が入る、しかもふたつ入る、というかたちです。そのふたつの修飾語をコンマで区切っているのです。den Ausdruck（表情を）の den と Ausdruck のあいだに、どんな表情かを示す修飾語が入っています。かなり分厚いハンバーガーですね。英語と比べてみましょう。

<u>den</u> menschlichen, uns　　alle　　ergreifenden　<u>Ausdruck</u>
the human,　　　us　　　all　　understandable expression
　人間的な、　　私たちに　すべて　理解できる　　　表情

英語らしく表現すると the human expression understandable to us all となります。英語の場合、「human 人間的な」という形容詞なら、冠詞と名詞のあいだに置かれますが、「我々すべてにとって理解できる」という修飾語は「表情」のあとに来ます。ドイツ語はふたつとも名詞の前におくのです。

英語なら「人間的な　表情　理解できる　とって　私たちにすべて」、ドイツ語なら「人間的な、私たちに　すべて　理解できる　表情」です。この場合、ドイツ語は日本語とほとんど同じ

語順ですね。」

……（中略）……

そろそろ時間です。今日はドイツ語の構造を理解する重要なポイントをいくつか学びました。読解ノートと文法ノートを整理しておいて下さい。

ひとつは接続法です。Wenn ich Geld hätte, kaufte ich mir das Buch. わかりましたか、私はお金がないんですよ。

次がシャーロック・ホームズの規則。関係代名詞 der = who で始まる従属節では、動詞 gibt = gives を最後におきます。ホームズは動詞を虐待していると言っていました。条件文の Wenn ich Geld hätte もそうですね。動詞の hätte が最後になります。ホームズの規則は、動詞から派生した不定詞や分詞の場合にも適用されます。

3つ目がハンバーガーの規則、冠詞と名詞のあいだに修飾語が挟まれるということです。

ホームズがハンバーガーを食べているようなのが、des am Kreuz sterbenden Heilandes です。英語のように the Savior dying on the Cross とはなりません。「十字架のうえで死んでいる」という修飾語が des と Heilandes のあいだに入っています。また、現在分詞の sterbenden は副詞句の am Kreuz よりうしろになります。「十字架の上で、死んでいる」と、動詞がうしろで、日本語と同じ語順です。

井上　「今日もあまり進みませんでした。来週こそ進度を速めます。」

後期「西洋史講読」ドイツ語講読　153

第15週　まとめと慰労会

　井上　「こんばんは、やっと最後の時間になりました。しんどかったですね。でもなんとなくドイツ語がわかってきたでしょう。もう少しやれば完璧になります。来週から春休みですから、この休み中にテキストの残ったところを自分でやってみて下さい。あるいはドイツ史で卒論を書こうという人は、卒論のテーマに関する文献を探して読んでみて下さい。」

　もう少しやると、これまで苦労した遠距離恋愛の分離動詞が気にならなくなります。いちいち繋がなくても、分かれたままで、つまり最初からずうっと読んでいって、こいつらカップルだと理解できるようになります。ドイツ語が分かるというのはそういうことです。

　今日はテキストを振り返って、読解ノートと文法ノートを整理しますが、できるだけ早く終わって慰労会をしましょう。本当に大変な授業でした。授業で悩まされた特大ハンバーガーを食べて勢いをつけてから、ドイツ・ビールでも飲みに行きましょうか。まとめといえば、一番分厚いハンバーガーはどれやったかなあ、誰か憶えていますか？

　C君　「最初の方で出てきた die in tiefer Mütterlichkeit sich über ihr Kind beugende Madonna が印象に残っています。特大ハンバーガーだとわからず、滅茶苦茶な訳をしてしまいました。」

　そうですね、Die Madonna（聖母）の冠詞と名詞のあいだに長い修飾語が挟まれています。今ならスラスラと訳せますね。まず英語の逐語訳。the in deep motherhood self（＝herself）over her child bending Madonna。ちゃんとした英語にすると、the Madonna bending over her Child in her tender motherhood となって、Madonna にかかる修飾語は全部うしろ。続いて日本語では、「において、深い、母性愛、みずから、上に、彼女の、子供、屈んでいる、聖母」。すなわち、「慈悲深い母性愛をもって我が子キリストを覗きこむ聖母マリア」と、ドイツ語と同じく修飾語はすべて前になります。

　それでは最後にドイツ語作文をやって終わりにしましょう。『踊る人形』のホームズの言葉をドイツ語に訳して下さい。こういう英語でした。この授業の合言葉です。What one man can invent another can discover.（人間の創ったもので、人間に解けないものはありません）。いつもと反対に、いちいちドイツ語に置き換えてみます。わからなければ英独辞典を使って下さい。

　　　What one man　can　 invent　another can　 discover.
　　　Was　ein Mann kann　erfinden ander　 kann　entdecken.
これは正しいドイツ語ではありません。しかし、こんな超直訳でもドイツ人に通じるでしょうね。同じような単語も多いし、姉妹の言語というのは羨ましいですね。さて、きちんとしたドイツ語にするには、まずシャーロック・ホームズの規則を適用して、Was から erfinden までの従属節（人間が創ることのできるもの）では動詞を「虐待」します。といっても、ここは Was で始まりますから、動詞と助動詞を入れ替えるだけですね。Was ein Mann erfinden kann です。うーんと、Mann は Mensch にしておきましょう。「人間」「人」という意味ではこちらが英語の man に当ります。テキストの3行目、5行目（134ページ）でも Mensch を使ってましたね。

主文は another can discover です。主文ではドイツ語でも動詞はうしろになりません。英語と同じく主語＋動詞＋目的語です。ただしこの英文は what＝was で始まる目的語を前に出した倒置文です。ドイツ語では、前におかれて強調される目的語のあとにコンマを入れ、主文では動詞または助動詞を前に出します。Was ein Mensch erfinden kann, kann ander entdecken. となりました。

あと少しです。ander（別の）はこの場合、別の人という意味ですから、男性単数で ein anderer（別の人が）とします。ander を複数形にして andere（別の人々が）としても構いませんが、その場合は助動詞の形が変わります。結局、こんなところでしょうか。

 Was ein Mensch erfinden kann, kann ein anderer entdecken.

逐語訳とそれほど変わりませんね。

もう1題作文をしましょう。ホームズが受け取った例の手紙の文章 "This account of you we have from all quarters received.（この点はわれら各方面より聞知するところに候）" です。こちらはもともとがドイツ語の直訳ですから、簡単ですね。各自やっておいて下さい。それじゃ、早いとこ慰労会に行きましょう。

♥ フランス語講読の場合

英語対照法はフランス語でも同じです。1年生の「西洋史の見方」でクレオパトラの鼻の話をした時に、パスカルのフランス語を引用しました。こんな文章でした。Le nez de Cléopâtre, s'il eût été plus court, toute la face de la terre aurait changé.（クレオパトラの鼻、それがもう少し短かかったなら、地球の全表面

は変わっていただろう)。ドイツ語講読でやったように、このフランス語も英語に置き換えてみます。

Le	nez	de	Cléopâtre,	s'	il	eût été	plus
The	nose	of	Cleopatra,	if	it	had been	more
	鼻	の	クレオパトラ、	もし	それ	だった	もっと

court,	toute	la	face	de	la	terre	aurait	changé.
short,	all		the face	of		the earth	would have	changed.
短い、	全		表面	の		地球	だっただろう	変化した。

　日本語の逐語訳はやはり無茶苦茶ですが、英語はこれでほぼ完全です。aurait が条件法で、英語なら would have となることさえ知っておれば、なにも考えなくても機械的に翻訳できます。アメリカ人が羨ましい！

　きちんとした英語なら、Cleopatra's nose, if it had been shorter, the whole face of the world would have been changed. くらいでしょうか。change は他動詞として受動態にしました。ドイツ語文法ノートにも記しましたが、英語は受動態をよく使います。また、if it had been shorter は少し古風に had it been shorter とした方が17世紀の哲学者の言葉らしいかもしれません。これも ohne と同じく、if を使わない仮定ですね。

4年生──卒業論文を書く

前期 「西洋史特講」宗教都市コンスタンティノープル
──総合的な研究能力

第1週　序論 ──コンスタンティノープルの歴史と景観

井上「こんにちは、「西洋史特講」の井上です。4年生の皆さんは卒論を書きながら、前期は特講の授業にも出てもらいます。特講とは特殊講義の略称です。2年の時に受けた西洋史通論も講義科目でした。担当者も同じく私、またまた井上が教壇からしゃべります。」

　特講は、その名の通り、特殊な講義です。何が特殊かと言いますと、まずテーマが特殊です。ある程度の基礎知識がないと受講できません。4年生で開講する理由のひとつです。次に普通の講義と違うのは、演習・講読的要素があるということです。普通の講義でも資料プリントを配って参照しますが、特講では毎回、皆さんに史料を読んでもらいます。しかも特殊なテーマですから日本語訳のないものが多いので、英語や、時にはドイツ語やフランス語も出てきて、3年でやった西洋史講読の授業のようになったりもします。またその史料を分析・考察しながら授業は進みます。

演習の時間にやったようなこともするのです。

というわけで、<u>講義に演習・講読が加わった特講は、西洋史研究の総合力を養成する授業です。</u>テーマは違っていても卒論に直接つながる科目と考えて下さい。特講の授業から、卒論での問題の立て方や、分析・考察の仕方、まとめ方などのヒントが得られると思います。

今年の特講は「宗教都市コンスタンティノープル」というテーマです。ビザンツ帝国の都コンスタンティノープルの宗教施設を順に見てゆき、そこを舞台に展開された歴史をたどります。取り上げる教会や修道院は授業計画にある通りです。

♥ 西洋史特講、2単位、4年前期、担当　井上

宗教都市コンスタンティノープル

1、序論――コンスタンティノープルの歴史と景観

2～4、聖ソフィア教会――ギリシア正教会の総本山

5～6、聖使徒教会――歴代皇帝の墓所

7、聖テオドシア教会――薔薇モスクと女性聖人の伝説

8、ストゥディオン修道院――皇帝に抵抗する修道院長

9、ミュレライオン修道院――簒奪皇帝の夢と挫折

10、ケカリトメネ修道院――皇族女性のための修道院

11、パントクラトール修道院――病院でもあった修道院

12、モンゴルのマリア教会――イル汗国へ嫁いだ皇女

13、コーラ修道院――ビザンツ最後のルネサンス

14、まとめ

15、レポート

評価方法　期末レポートと平常点（出席）

ビザンツ文明を代表する遺跡、聖ソフィア教会（現アヤソフィヤ博物館）は有名ですが、あとは聞いたこともない教会や修道院ばかりですね。ケカリトメネなんて、舌をかみそうな修道院も出てきます。でも、ひとつひとつの教会や修道院はそれぞれの歴史を秘めています。遺跡をめぐってゆくと、キリスト教都市コンスタンティノープルの姿が、その一千年の歴史とともに浮かび上がってくるはずです。

　今日は序論として、地図とスライドを見ながら、コンスタンティノープルの町を一周してみましょう。これからも毎回スライドを使いますので、できるだけ前の方に座って下さい。御存じのように、ビザンツ帝国の都コンスタンティノープルは、現在のトルコ共和国イスタンブルです。この町はオスマン・トルコ帝国の都として450年の歴史を持ち、現在でもトルコ最大の都市です。しかしながら、イスラーム都市、現代都市のどこかに、遠いコンスタンティノープルの面影をとどめています。

　それではスライドを写します。これが町の西郊外にあるイスタンブル空港です。私たちもここから出発します。まずは空港から旧市街へ向かいましょう。遠くに城壁が見えてきました……。

……（中略）……

　どうでしたか、このあと授業でお話しする教会や修道院を中心に、イスタンブルのビザンツ史跡を見てもらいました。イスタンブルって、魅力的な町ですね。東洋と西洋が出会う海峡の町です。そういえば、イスタンブルは「the meeting of Continents 大陸の出会い」をテーマに、2000年の大会から連続してオリンピック開催に名乗りを上げています。2008年には大阪も立候補して、その時私は大阪市のオリンピック基本理念策定委員として、開催理

念や招致スローガンを考えたんですが、イスタンブルに負けました。設備や運営能力、財政面でも圧倒的に大阪の方が優れていたのに、IOC委員の投票ではイスタンブルの方が上でした。東洋と西洋が出会う町、イスタンブルの魅力に負けたという感じです。ちなみに開催都市に選ばれたのは北京でした。

　最初にも言いましたように、特講の授業は卒論を書く上でとても参考になります。コンスタンティノープルの歴史を勉強しながら、良い卒論を書いて、イスタンブルへ思い出の卒業旅行というのはどうでしょう。

　井上　「それでは今日はここまで、来週は聖ソフィア教会の第1回、建設の話をします。」

第7週　聖テオドシア教会——薔薇モスクと女性聖人の伝説

　井上　「おはようございます。今日の授業はビデオに撮って、『**聖テオドシア教会**』(**仮想大学HP**)[+]として一般公開されます。みっともないから居眠りしないようにしましょう。プリントと出席カードを配ります。プリントは2枚です。じゃ、始めます。」

〈1〉はじめに——薔薇モスクと女性聖人テオドシア

　プリント①のイスタンブルの旧市街地図を見て下さい。金角湾と呼ばれる細長い入り江に近く、ギュル・モスクというモスクがあります。印を付けたのがギュル・モスクです。ギュルとはトルコ語で薔薇という意味ですので、薔薇モスクという美しい名前です。魅惑的な名前のせいでしょうか、だんだん人気が出てきて、最近は観光客も来るようです。入口にはイスラーム教徒でない人

向けに注意書きも挙げられています。英語やドイツ語で書かれており、女性はスカーフをつけ、長いスカートをはくよう指示しています。プリント②です、読めますか？　これも講読です。やっぱりドイツ語は動詞 tragen が最後ですね。

The ladies should wear a scarf and a long skirt.

Die Damen möchten bitte ein Kopftuch und lange Röcke tragen.

　このモスクは、オスマン・トルコがビザンツ帝国を征服したあと、元の聖テオドシア教会を造り変えたものだといわれています。聖テオドシア教会とは、ビザンツ皇帝レオーン３世（在位717〜741年）が聖像崇拝の禁止を命じた時に──聖像崇拝問題についてはのちほど説明します──、それに反対して殉教した女性聖人テオドシアに捧げられた教会です。

　今日は、この聖テオドシア教会にまつわる歴史を勉強します。まず最初に、テオドシアという女性聖人について確認しておきましょう。プリント③『聖テオドシア伝（コンスタンティノープル教会暦７月18日）』（10世紀）を見て下さい。今日の授業のポイントとなる資料ですので、下線を引いたところを中心に、ていねいに読んで下さい。

♥『聖テオドシア伝（コンスタンティノープル教会暦７月18日）』
　<u>同じ日（７月18日）に聖なる殉教者テオドシアの殉教を追悼する</u>。彼女はテオドシオス（３世）の時代に、神に守られた女王の町（コンスタンティノープル）で敬虔な両親のもとに生まれ、育った。彼女が７歳の時に父が死に、母は彼女をコンスタンティノープルのある修道院で修道女にした。……（中略）……

しばらくして、不敬虔なレオーン（3世）がテオドシオスを廃位し、帝国の支配者となった。……（中略）……それからレオーンは、我らの神キリストの聖なるイコンを取り除き、燃やすことを急いだ。このイコンのゆえに聖なる青銅門と呼ばれている門の上に飾られているイコンである。<u>皇帝の命令が実行に移され、政府高官が梯子に登って、斧で聖なるイコンを叩き落そうとした時、浄福のテオドシアは、他の敬虔な女性たちとともに梯子をつかみ、政府高官を地面に落として死なせた。彼女たちはそれから総主教座に向かい、陰謀の首謀者である不敬虔なアナスタシオス（総主教）に石を投げた。</u>その結果、テオドシア以外の女性たちはその場で首を切られた。聖なる女性テオドシアは、野蛮でひとでなしの処刑役人に捕らえられた。<u>彼らはテオドシアを牛の広場まで引きずって行き、角で彼女を殺した。</u>このように良き戦いをしたのち、女性たちはその魂を神の手にゆだねた。

　<u>テオドシアの追悼法事は救世主キリストの聖エウエルゲテス修道院で行なわれる。</u>

　今読んでもらったように、テオドシアは8世紀の人で、皇帝レオーン3世が始めた聖像破壊に反対して殉教した女性です。ところが彼女に関する記録はこの10世紀の『聖テオドシア伝』が一番古く、それ以前の記録は残っていません。しかもそのあと彼女の名前はしばらく歴史から姿を消します。

　次に彼女の名前が出てくる時、テオドシアは病気治療の奇蹟を起こす聖人として言及されています。とくに14世紀にはテオドシア崇拝が広がっていたようで、かなりの記録が残っています。

　さらに、1453年5月29日、都コンスタンティノープルがトルコ

人によって占領され、ビザンツ帝国が滅びる時にも聖テオドシア教会が登場します。参考文献として挙げた野中恵子さんの『イスタンブール歴史の旅』(小学館)には、コンスタンティノープル陥落の時の話が、「赤い薔薇が散ったミサ」という表題で紹介されています。薔薇モスクの名前のいわれとされる伝説です。その一節をプリント④に引用しました。下線部だけ読んでみます。

　　城門の一つをくぐると、私が探すコンスタンティノープル時代の語りべが待っていた。ギュル(薔薇)・モスクである。
昔の名前はハギア・テオドシア(聖テオドシア)教会といった。少し飛ばして続けます。1453年コンスタンティノープル陥落の時の話です。

　　教会の暦では、聖女テオドシアを祝福する日は5月29日だった。そして運命のコンスタンティノープルが征服された日も、ぐうぜんにも5月29日の未明だったのである。……(中略)……

　　最後の一瞬まで美意識を捨てず、みごとに散り果てたビザンツ人たち。そのプライドに思わず敬意を表したくなる。最後のミサにここを選んだ彼らに、命を犠牲にして信念を貫きとおしたテオドシアが道を示したのだろうか。やわらかで可憐なイメージなのに、気高い強さを秘めた教会に会え、私は自分も勇気づけられた気になった。

テオドシアと彼女の教会について簡単に紹介しましたが、早くも疑問がいくつか出てきました。テオドシアは8世紀の人なのに、なぜ10世紀になって初めて名前が出てくるのでしょう。いつ、どうして病気治療の聖人に変わったのでしょう。どちらも難しい問題です。さらに次のような疑問も出てきます。もう一度プリント

を見て下さい。プリント③の最初と最後にあるように、10世紀の聖人伝では、テオドシアの命日は7月18日で、聖エウエルゲテス修道院で追悼行事が行なわれていました。ところが15世紀には、5月29日、テオドシア教会となっています。いつ、どうして変わったのでしょうか？

このような疑問をもちながら、これから女性聖人テオドシアの歴史をたどってゆくことにしましょう。テオドシア教会の歴史からもまた、ビザンツ帝国、そしてその都コンスタンティノープル、そこに生きた人々の姿が浮かび上がってくると思います。

というわけで、今日の授業は次のような順序で話すことになります。あらかじめ黒板に書いておきます。

〈1〉はじめに——薔薇モスクと女性聖人テオドシア
〈2〉レオーン3世の聖像破壊とテオドシア
〈3〉病気治療の聖人テオドシア——14世紀
〈4〉コンスタンティノープルの陥落とテオドシア
〈5〉おわりに——歴史は創られる

授業の最後で、どのようにして聖人テオドシアと彼女をめぐる伝説が創られていったのかをまとめることにします。私たちはよく「歴史は創られる」と言いますが、まずは歴史の事実をしっかり確認したうえで、それにもかかわらず事実とは違う「聖人」が生み出されてゆく歴史を学び、さらに、そのような虚構を創り上げた人々、信じた人々に思いを馳せることにしましょう。

〈2〉レオーン3世の聖像破壊とテオドシア

　レオーン3世の聖像破壊に入ります。ビザンツ帝国のギリシア正教というとまず思い浮かぶのがイコンでしょう。イコンというのは、キリストやマリア、聖人の姿を描いた聖なる画像です。人々はイコンを信仰の対象とし、崇拝してきました。ギリシア正教すなわちイコンと思われていますが、ビザンツ帝国の歴史において、イコンの制作や使用を禁止していた時代がありました。726／30年から787年までと、815年から843年の前後2回、計100年足らずです。

　最初にイコンを禁止した、聖像破壊を行なったのがレオーン3世でした。レオーン3世は、717年から18年にかけて丸1年にわたった、イスラーム教徒アラブ人のコンスタンティノープル包囲を撃退した英雄です。レオーンはなぜ聖像崇拝を禁止したのでしょうか。理由のひとつにはキリスト教の教義があります。もうひとつはイスラーム勢力の躍進です。

　教義の方からみておきます。『旧約聖書』の十戒の2番目に、「あなたはいかなる像も造ってはならない、……それらに向かってひれ伏したり、それらに仕えたりしてはならない」（『出エジプト記』20-4～5）とあります。いわゆる偶像崇拝を禁止した掟です。つまり、神を拝むのではなく、人間がみずから造った像、木や土を拝むことを禁止しているわけです。偶像崇拝を禁止した背景には、全知全能で超越的な神を、こんな顔をしている、こんな姿だと人間が描き出すことは、神に対する冒瀆だ、という考え方があります。古代ギリシアの神々や仏教とはかなり異なる神観念です。

　キリスト教がギリシア・ローマ世界に広がるにつれて、ユダヤ教から受け継いだ本来のキリスト教信仰に、ギリシア・ローマ的

な神の観念が混じってゆきました。ギリシアの神々がそうであったように、キリストもその姿を描かれるようになっていったのです。ちなみに原始キリスト教ではイエス像はなく、魚のシンボル・マークで表象されていました。そのようなキリスト教原理主義からいえば、人間の姿をしたキリスト像は堕落でしょう。

　キリストを描き、それに向かって祈ることが広がっていった、ちょうどその頃、ビザンツ帝国に対してイスラーム教徒が攻撃をかけてきました。2年生の通論で勉強したように、ビザンツ軍は敗戦を重ね、次々と領土を奪われます。ついに都コンスタンティノープルも包囲されるにいたったのです。この危機を何とか乗り切ったのがレオーン3世でした。レオーンやその側近は、ビザンツ軍のあいつぐ敗北は、聖書が禁じている偶像崇拝を行なっているためではないかと考えました。勝利を続けるイスラームは、皆さんも御存じの通り、徹底した偶像崇拝禁止を唱えています。アラーを描いた図像はまったくありません。アラーがどんな顔をしているのか、髭を生やしているのか？、ターバン巻いてるのか？、想像できませんね。

　イスラーム教徒アラブ人と死闘を展開したレオーン3世は、こうして726年にみずからの信条を表明します。彼は、キリストやマリアを描き、それを拝むことは、聖書に禁じられた偶像崇拝であると主張し、730年には正式に聖像破壊の勅令を出しました。ここに聖像崇拝禁止運動、聖像破壊が始まったのです。これに抵抗し、殉教したのがテオドシアというわけです。

　レオーン3世の聖像崇拝禁止に関する史料をみる前に、聖像破壊運動の全体像を簡単に整理しておきます。先ほども言いましたが、2度にわたって計100年ほど、聖像崇拝は禁止されていました。

箇条書きにすると、このようになります。

726／30〜787年	第1次聖像崇拝禁止
787年	摂政エイレーネーによって聖像崇拝復活
815〜843年	第2次聖像崇拝禁止
843年	摂政テオドラによって聖像崇拝復活

　レオーン3世が始めた聖像崇拝禁止は、3代のちの皇帝、曾孫のコンスタンティノス6世の時代、787年に終わり、聖像崇拝が復活しました。テオドシアとの関連で重要と思われるのは、787年に聖像崇拝復活の宗教会議を主催したのが、コンスタンティノス6世の母で摂政であったエイレーネーという女性だったことです。また843年、最終的に聖像崇拝を復活させたのも、ミカエル3世の母で摂政だったテオドラでした。2度とも女性によって聖像崇拝が復活されたことを憶えておいて下さい。

　元に戻って、レオーン3世による聖像崇拝の禁止と、それに対する人々の反応について史料を見てゆきます。まず、ビザンツ帝国のもっとも重要な歴史史料である年代記をみましょう。レオーン3世時代の基本史料は、ニケフォロスの『簡略歴史』と『テオファネス年代記』です。どちらも、第1次と第2次の聖像破壊のあいだに、つまり8世紀末から9世紀初めの聖像崇拝復活の時代にまとめられた歴史書です。ふたりの歴史家、ニケフォロスとテオファネスは、ともに聖像崇拝派であったことに注意しつつ読んでゆきましょう。

　ニケフォロスの『簡略歴史』から始めます。プリント⑤を見て下さい。英訳を挙げておきました。とりあえず下線部だけ見てお

きます。あとで辞書を引いて全文を読んで下さい。ニケフォロスは、直前の59章で(1)エーゲ海での火山噴火について述べたあと、この60章では、(2)火山の噴火は偶像崇拝を行なっていることに対する神の怒りである、と考えたレオーン3世が聖像崇拝を禁止したこと、(3)それに対して都の市民たちが嘆いたこと、さらに(4)ギリシア地域で聖像破壊に反対する反乱がおこり、コンスタンティノープルに艦隊を送ってきたこと、(5)反乱軍は敗北し、首謀者が処罰されたことを記しています。

次は『テオファネス年代記』の6218年の条です。西暦では726年になります。6218年の記事は、イスラーム側の動きを伝える記事のあと、(1)エーゲ海での火山噴火について記しています。そのあとの記事がプリント⑥です。こちらも英訳です。下線部分だけ読んでみましょう。

☠ 『テオファネス年代記』6218年（西暦725／6年）

……(3) The populace of the Imperial City were much distressed by the new-fangled doctrines and meditated an assault upon him. They also killed a few of the emperor's men who had taken down the Lord's image that was above the great Bronze Gate, with the result that many of them were punished in the cause of the true faith by mutilation, lashes, banishment, and fines, especially those who were prominent by birth and culture.……

(2)レオーン3世の聖像崇拝禁止と、(3)それに対する首都市民の抵抗、宮殿入口の青銅門での役人と市民のトラブル、市民の処罰

が記されており、レオーン3世を「サラセン魂」と非難する有名な箇所が出てきます。さらに、(4)ギリシア地域で反乱が生じ、コンスタンティノープルへ艦隊を送ってきたこと、(5)反乱軍は敗北して、首謀者が処罰されたことが記されています。

　記事に番号を打ったのでおわかりのように、両者はよく似ています。青銅門のトラブルなどテオファネスのみが書いていることもありますが、ほとんど同じ文章も出てきますね。なぜこれほど似ているのかといいますと、同じ原史料を用いたからです。つまり共通記事は、ふたりがそれぞれ参照した古い記録に基づくもの、言い換えると、かなり信憑性の高い記事ということになります。ふたりが参照した古記録には、市民が反対したことは記されていましたが、テオドシアという女性への言及はなかったと考えられます。

　テオドシアの存在について、関連史料をもう少し調べてみましょう。まずその他の年代記について見ておきます。『テオファネス年代記』のあとも次々と年代記が書かれています。ビザンツの年代記は原則として天地創造から書くので、当然、レオーン3世の時代についても繰り返し、新しい年代記がその歴史を、聖像破壊の歴史を書いてゆきます。しかしながら、たとえば9世紀の『ゲオルギオス・モナコス年代記』や10世紀の『ロゴテテース年代記』など、どの年代記もだいたいテオファネスと同じことを書いているだけで、やはりテオドシアには触れていません。歴史家が注目するような、年代記に書き記すような信頼できる情報は、テオドシアに関してはなかったようです。

　そこで、信憑性はかなり低くなりますが、年代記以外の史料を見ることにしましょう。テオドシアと関係すると思われる史料と

しては、ここに板書した3点があります。

> (1)『小ステファノス伝』（9世紀初）――「敬虔な女性たち」
> (2)『教皇グレゴリウス2世の手紙』（？）――「熱心な女性たち」
> (3)『コンスタンティノープル教会暦』8月9日（10世紀）――「マリアという女性」

　順番にみてゆきましょう。少し違う書き方をしているのは聖人伝です。(1)やはり聖像破壊に反対して殉教したステファノスという修道士の伝記『小ステファノス伝』は、806年頃、ニケフォロスの『簡略歴史』や『テオファネス年代記』とほぼ同じ時期に成立しました。史料本文は省略しますが、『小ステファノス伝』は、『テオファネス年代記』と同じように青銅門でのトラブルを記しています。注目したいのは、皇帝役人を攻撃したのは「敬虔な女性たち」であったと述べていることです。年代記にはない情報です。

　(2)同じことを、ローマ教皇グレゴリウス2世（在位715～731年）がレオーン3世に宛てて書いた抗議の手紙も伝えています。それによると、「熱心な女性たち」が抵抗したとあります。グレゴリウス2世はレオーン3世と同時代人ですから、この手紙は貴重な同時代史料、しかも第三者の客観的な記録ということになるはずなのですが、どうも偽手紙、のちにコンスタンティノープルで偽造された手紙のようです。とはいえ、人々のあいだで、女性たちが聖像破壊に抵抗したという観念が広がっていたことを裏付ける史料にはなります。

　『小ステファノス伝』でも教皇の手紙でも、女性が抵抗したとありますが、テオドシアという名前は出てきません。やはり幻の

存在です。

　(3)さらに、こちらも史料の原文は紹介しませんが、テオドシアの伝記を記している10世紀の『コンスタンティノープル教会暦』の8月9日には（テオドシアは7月18日でしたね）、青銅門での争いと殉教というほぼ同じ話が、マリアという高貴な女性を主人公として記されています。ほとんど同じことをした女性殉教者がふたりいたというのです。これもまた奇妙な話です。

　疑問は残りますが、ここまでの考察をまとめて板書します。

〈2〉レオーン3世の聖像破壊とテオドシア
　(1)726／30年（聖像破壊開始）――テオドシアへの言及なし。
　(2)9世紀初め（聖像崇拝の一時的な復活）――女性の関与に注
　　目し始める。
　(3)10世紀（聖像崇拝が確立）――テオドシアという女性聖人が
　　現われる。

---

　(1)レオーン3世が聖像崇拝を禁止し、宮殿入口の青銅門にあったキリストのイコンを撤去させた時、抗議した市民とのあいだでトラブルがあり、逮捕、処刑された者がいたことは確かなようです。しかしそれが誰であったのかは伝えられていません。テオドシアは確認できません。そんな人物はいなかったと考えるべきでしょう。

　(2)ところが事件から100年近くたった9世紀の初めには、キリストのイコンを守ろうとしたのは女性であった、という話が人々のあいだに広まっていました。できるだけ原史料に基づき、厳密に歴史を記そうとしたニケフォロスやテオファネスは、そのよう

な噂を根拠にして、抵抗したのが女性であったと書くことはしませんでしたが、歴史的な事実にさほどこだわらない聖人伝の著者は、人々のあいだで広がっていた、女性たちがイコンを守ろうとしたのだという伝承をその叙述に取り入れたようです。噂のもとには、恐らく、恐らくですが、皇帝の母エイレーネーによる聖像崇拝の復活があったのではないかと私は考えています。

(3)時とともに、伝承は具体的なイメージをもって膨らんでゆきます。10世紀になると、年代記ではあいかわらず、古い記録に基づく記述が繰り返されていましたが、聖人伝では具体的な女性、固有名詞をもった女性が登場します。聖人テオドシアの誕生です。もっともこの段階ではまだはっきりテオドシアと決まったわけではなかったようです。聖像破壊に抵抗した敬虔な女性を、もちろん伝説上の人物ですが、ある人はテオドシアと呼び、ある人はマリアという貴婦人だったと考えていたのです。

〈3〉病気治療の聖人テオドシア——14世紀（抄）

それでは「〈3〉病気治療の聖人テオドシア」に移ります。次にテオドシアが歴史に登場するのは、1200年にコンスタンティノープルに来たロシア人巡礼の記録です。

……（中略）……

これ以上深入りして、収拾がつかなくなる前に〈3〉のまとめをします。ややこしい問題もあって、うまくまとまりませんが、とりあえず箇条書きしておきます。

〈3〉病気治療の聖人テオドシア——14世紀
　(1)帝国末期、テオドシアの再登場——病気治療の聖人として

(2)テオドシア信仰の広がり——皇帝から外国人巡礼まで
　(3)復活の理由、人気の秘密——レオーン3世とミカエル8世

　(1)10世紀に誕生した聖像崇拝の聖人テオドシアは、帝国末期になって病気治療の聖人へと姿を変えました。

　(2)テオドシアの人気はこれまでになかったほど高くなり、独自の教会もできたようです。聖人伝が書き直されたり、皇帝や総主教がその教会に参詣するまでになりました。はるばるロシアからやって来た巡礼たちも、テオドシアの教会を訪ねています。

　(3)民衆から皇帝、外国人にまでテオドシア信仰が広がったのはなぜだったのか、についても考えてみました。正統信仰を捨てて東西教会の合同を断行した、と評判の悪いミカエル8世（在位1261～1282年）、550年前のレオーン3世の生まれ変わりのような皇帝が、テオドシア信仰の広がりに関係しているのではないかという仮説を紹介しました。キリスト教国家ビザンツ帝国の政治、その宗教政策がテオドシア信仰の背景にあったのではないか、という推定ですが、それだけではなかったような気もします。この問題は最後でもう一度考えることにして、次にゆきましょう。

〈4〉コンスタンティノープルの陥落とテオドシア

　「〈4〉コンスタンティノープルの陥落」に入ります。1453年5月29日、オスマン・トルコ軍の攻撃によってコンスタンティノープルは陥落しました。ビザンツ帝国の滅亡です。帝国史の最後の大事件でしたから、多くの歴史書にその様子が記されていますが、ビザンツ側の史料としてとくに重要なものが4つあります。板書します。

> (1)スフランゼス『小年代記』(『大年代記』は後世の追補)
> (2)クリトブーロス『歴史』
> (3)カルココンデュレス『歴史10巻』
> (4)ドゥーカス『歴史（トルコ＝ビザンツ史)』

　4人の歴史家のうち、聖テオドシア教会に関する話を記しているのはドゥーカスだけです。歴史家としては邪道なのですが、ドゥーカスは好んで逸話を記しました。疑わしい話もとりあえず書いておこうという執筆方針だったようです。塩野七生さんをはじめ、いろいろな本でコンスタンティノープルの陥落が語られる時、もっとも参照されるのがドゥーカスです。面白い話が多いからでしょう。しかし、その記述には虚構が含まれていることを承知しておいて下さい。

　ではプリント⑨を見て下さい。ドゥーカス『歴史』39章23節です。英語を訳します。

　　コンスタンティノープルが陥落した5月29日は、ちょうど聖テオドシアの祝日で、聖テオドシア教会では典礼が行なわれていた。そこへ城壁を突破したトルコ軍が乱入し、修羅場と化した。

　コンスタンティノープルにトルコ軍がなだれ込んだ5月29日、聖テオドシア教会に人々が集まったことは確かでしょう。ドゥーカスの『歴史』は言い伝えを多く含んでいますが、陥落から10年以内に書かれたものですから、生々しい情報と言えます。しかしながら、唯一テオドシアに触れているドゥーカスも、薔薇については述べていません。陥落の逸話に薔薇が付け加わり、最初に紹

介したプリント④のような「赤い薔薇が散ったミサ」の逸話が誕生するのは、もう少しのちのようです。

　ドゥーカスが『歴史』のなかで直接テオドシアに触れているのは、今見てもらったプリント⑨だけですが、他にも彼女と関係がありそうな逸話を紹介します。プリント⑩を見て下さい。テオドシア教会の惨事について述べる少し前、同じ39章の18節で、コンスタンティノープルの市民たちが信じていた予言について記した記事です。下線部のみ読みます。

　　　この町はトルコ人に征服される。トルコ人はローマ人（ビザンツ人）を切り殺しつつ、コンスタンティヌス広場の円柱まで攻め込んでくる。

少し飛ばして、

　　　トルコ兵がコンスタンティヌス広場まで来た時、剣をもった天使が降りてきて、「この剣をとれ、そして主の民の復讐をせよ」と言う。たちまち形勢は逆転し、ローマ人はトルコ人を撃退するばかりか、さらに彼らを追ってペルシアまで攻め込むことになるだろう。

この予言は外れました。奇蹟は起こらず、トルコ軍はコンスタンティヌス広場を越え、宮殿へ聖ソフィア教会へと乱入してきました。偽予言だったということになりますが、信じた人も多かったようです。と言いますのは、プリント①の地図を見て下さい、多くの市民が聖ソフィア教会など、広場よりさらに東側、つまり城壁から遠い側に避難していたからです。敵はコンスタンティヌス広場で殲滅されるから、ここなら安心だと考えたのでしょう。

　この町に都を移し、みずからの名前を付けたコンスタンティヌス１世（在位306～337年）を記念する広場、そこに天使が現われ

て皇帝や市民を救ってくれる、如何にもビザンツ人が信じるような予言でした。しかし私が注目したいのは、トルコ軍の侵入を知って、聖テオドシア教会に集まった人々がいたことです。もう一度地図で確認して下さい。テオドシア教会は広場よりずっと城壁寄りにありますから、トルコ軍が刀を振るいながら通ってゆく道筋になります。それにもかかわらず、そこに逃げ込んだ人たちがいたのです。

　先に述べましたように、テオドシア教会の薔薇の話はのちの作り話かもしれません。しかし街のあちこちで殺戮が繰り広げられたことは事実ですから、コンスタンティヌス広場の予言にもかかわらず、テオドシア教会に救いを求めた人々がいたことは間違いありません。彼らは帝国滅亡の最後までテオドシアに祈っていたのです。聖像崇拝のテオドシア、病気治療のテオドシア、そして都コンスタンティノープルを救う、自分たちの命や財産を守ってくれるテオドシア……。第3のテオドシアは生まれてすぐに消えてしまいました。

　ここで、コンスタンティノープル陥落の日、5月29日がテオドシアの命日であったという問題に戻ります。10世紀の聖人伝ではテオドシアの命日は7月18日でした。いつの間にか命日が変わっています。14世紀の病気治療のテオドシアも、命日は5月29日だったようです。聖像崇拝から病気治療へと聖人の性格が代わるとともに、命日も変わったのです。どうしてこんなことになったのでしょうか。これもはっきりしたことはわかりませんが、聖テオドシアはもうひとりいて、同じ名前の二人の女性聖人が混同された結果のようです。

　もうひとりのテオドシアというのは、西暦4世紀の初め、ロー

マ皇帝ディオクレティアヌス（在位284〜305年）が行なった大迫害の際に殉教したと伝えられる人物です。パレスティナのカエサレイアという町の女性です。有名な教会史家エウセビオスが、『パレスティナ殉教者伝』という著作において彼女の殉教を紹介しています。このテオドシアについては命日が二通り伝わっており、ひとつが5月29日です。どうやら4世紀の殉教者と、私たちのテオドシアが混同され、いつの間にか融合してひとりの人物になったようです。<u>聖人テオドシアは、西暦4世紀にまで遡る古い伝承、聖像破壊をめぐる殉教伝説、病に苦しむ庶民の切ない願い、皇帝・為政者の宗教政策など、さまざまのものが混じり合って創り上げられた架空の人物なのです。</u>

　ビザンツ帝国の滅亡に関わって、もう少しだけお話ししておきます。最後の皇帝コンスタンティノス11世に関する後日談です。本論から外れますが、伝説の誕生という点で興味深い話です。

　コンスタンティノス11世は最後まで城壁にとどまり、押し寄せるトルコ軍のなかに消えました。皇帝の最後については、先に紹介した4つの主要な史料、つまりスフランゼス、クリトブーロス、カルココンデュレス、ドゥーカスを総合し、トルコ側の記録なども参照しますと、皇帝は戦死し、その遺体はついに見つからなかった、というのが事実のようです。しかし、皇帝は死んでいない、いつか私たちのもとに帰ってくる、という願望に近い伝説をはじめ、さまざまの言い伝えがあります。

　そのひとつに、「遺体は聖使徒教会に埋葬されたのち、同教会が取り壊しとなったため、聖テオドシア教会に移された」という言い伝えがあるのです。聖使徒教会は、授業でも話しましたが、歴代ビザンツ皇帝の墓があった教会で、聖ソフィア教会と並ぶも

っとも重要な教会でした。トルコ人によって壊されましたので現存しませんが、プリント⑪の図版が聖使徒教会ではないかと言われています。

　聖使徒教会が歴代皇帝の墓所であったことからも、なんとなくそれらしい伝説ですが、もちろんまったくの作り話です。そもそも聖使徒教会は、11世紀の初めを最後として皇帝の墓所ではなくなっています。「最後のビザンツ皇帝は聖テオドシア教会に葬られている」という話は、なんと1852年に、当時トルコの支配下にあったコンスタンティノープル総主教が、手紙のなかで書いたのが最初のようです。それを受けて、別の人物が「聖使徒教会から聖テオドシア教会に遺体が移された」、と話を膨らませました。創られた日付までわかっているという奇妙な伝説です。もちろん事実ではありません。当のコンスタンティノープル総主教自身、その少し前に書いた『古代と現代のコンスタンティノープル』という本では、そのようなことは記していません。

　総主教の話の根拠は、子供の頃に老人からそんな話を聞いたことがあるということのようです。いい加減もいい加減、まったく信頼できない話です。でも考えてみれば、テオドシアの伝承も含めて、多くの伝承はこのようにして生まれてきたのでしょう。<u>さまざまの思いをこめて語り継がれてきたことを、誰かが、たいていは知識人ですが、書きとめる。そして今度は、知識人の書いたものが人々のあいだで語られる。それを繰り返して伝説は成長してゆきます。</u>

　いい加減な作り話とはいえ、19世紀になっても、トルコ人の支配下でも、イスタンブルのギリシア系市民が聖人テオドシアに敬意を払い続けていたことは確かです。この伝承もひょっとすると、

いつか第4のテオドシアを生むかもしれません。最後の皇帝の遺体を引き取るテオドシア……。

話がかなり怪しくなってきました。まとめるほどの内容もないのですが、「〈4〉コンスタンティノープルの陥落」をまとめておきます。黒板に箇条書きします。

〈4〉コンスタンティノープルの陥落とテオドシア
　(1)聖テオドシア教会に集まった人々――聖人に救いを求めて
　(2)5月29日のテオドシア？――合成された聖人
　(3)コンスタンティノス11世の墓――伝説の創られ方

---

(1)都コンスタンティノープルが陥落した時、聖テオドシア教会に救いを求めた人々がいたことは確かでしょう。テオドシアの信仰は人々のあいだに深く根付いており、都の陥落という最大の危機に際して、市民のなかには、コンスタンティヌス大帝にまつわる予言より、テオドシアにすがろうとした人々がいました。

(2)帝国滅亡の日、5月29日はテオドシアの命日でした。これはもうひとりの聖人テオドシア、4世紀の殉教者の伝承が混じっていたことを語っています。このように、聖人伝説はいろいろな要素が混ざって創り上げられるのです。

(3)ビザンツ帝国が滅びて数百年経ってからも、新しいテオドシア伝説が創られようとしました。さすがに情報の発達した時代ですから、根拠のない伝承は誰も認めませんが、それでもその過程をたどることで、歴史がどのように創られるのかを窺うことができそうです。

〈5〉おわりに——歴史は創られる

残り時間もなくなりましたので、まとめは簡単にします。あとでノートとプリント資料を整理しておいて下さい。HPには図版も上げる予定ですので、のちほどゆっくり見て下さい。

イスタンブルの旧市街にある薔薇モスク(ギュル)は、ビザンツ時代の聖テオドシア教会を転用したものだと言われています。薔薇モスクの建築学的な調査はされていませんので、本当に元のテオドシア教会なのか、なお疑問は残りますが、テオドシアの伝説をたどることで、宗教都市コンスタンティノープルのイメージがまた少し膨らんだのではないかと思います。

レオーン3世が聖像崇拝を禁止した時、コンスタンティノープル市民のあいだで反対がありました。殉教者も出ました。殉教者に対する思い出は、聖像崇拝が復活するとともに膨らんでゆきます。殉教者が聖人となり、聖人伝が書かれるのです。聖像崇拝の復活が2度とも女性によって行なわれたこともあって、イコンのために殉教した人物として女性が強調されるようになりました。

10世紀に『コンスタンティノープル教会暦』として聖人たちの記録が整理された時に、それまで曖昧なイメージであった女性殉教者がテオドシアという人物像に特定されます。女性聖人テオドシアの誕生です。ただし、その時期にはまだいろいろな言い伝えが混在していました。そのことは逆に、さまざまの思いが絡み合って聖人テオドシアが誕生したことを示しています。まさに歴史は創られたのです。

帝国の末期になって、私たちは第2のテオドシアと出会います。病気治療の聖人です。テオドシア信仰の広がりには、キリスト教国家を動かしてゆく皇帝たちの思惑も絡んでいました。しかしそ

れだけではありません。病に苦しむ人々の切ない願い、庶民の願いがテオドシアを生まれ変わらせたのです。同名の聖人、パレスティナのテオドシアの伝承も混ざり、テオドシアは姿を変えてゆきました。

同じような歴史の書き換えは、1453年のコンスタンティノープル陥落、ビザンツ帝国の滅亡という大事件をめぐっても生じました。そこにも人々のテオドシアに対する思いを読み取ることができます。実在のテオドシアがどうであれ、人々の信仰、日々の願いのなかで、テオドシアは創られ、生まれ変わっていったのです。

歴史は創られる、聖人テオドシアも創られた、とまとめておきましょう。確かにテオドシアの歴史はほとんどが虚構です。歴史的事実ではありません。しかしそのような聖人を創りだし、崇拝した人々がいたことは歴史的事実です。テオドシアの伝承のなかに私たちは、ビザンツ人の姿や思いを読み取ることができます。しかも、テオドシアの伝承には、他の伝承とは違う特別な意味合いがあると私は思います。最後にその点を述べて、今日の授業を終わります。

これまでのところ、歴史を書き残したのはほとんどが支配者、男性でした。ビザンツ帝国の歴史もまた、皇帝を中心とした支配階級の歴史でした。それしか記録は残っていないと言っても過言ではありません。歴史をもう少し広く解釈して、伝承という水準で考えてみても、同じようなことが言えます。支配者、男たちが創り、伝えてきたのです。

これに対してテオドシアの伝承は少し違うものをもっています。テオドシア伝説の背景には、皇帝をはじめとする支配者だけではなく、公式の歴史には出てこない庶民の思いがあったと私は思い

ます。病気治療の聖人というのは、まさにそのような庶民の聖人だったのです。しかも、聖人テオドシアをめぐる伝説からは、やはり歴史の表舞台に現われない女性の声を聞くことができるかもしれません。コンスタンティノープル最後の日、コンスタンティヌス大帝ではなく、テオドシアに奇蹟を求めた人々の姿が、ぼんやりとですけれど、見えてくるような気がしませんか。

井上「今日は薔薇モスクを訪ね、テオドシアの伝承について勉強しました。来週はやはり聖像破壊をめぐる歴史を秘めた「ストゥディオン修道院」を取り上げます。出席カードを提出してもらって、今日の授業は終わります。質問のある人は残って下さい。ではまた来週。」

第14週　まとめ

井上「こんばんは、夜になっても暑いですね。特講の授業も今日が最後で、あとはレポートです。」

まとめのプリントを配ります。ギリシア正教会の総本山である聖ソフィア教会については3回、歴代皇帝の霊廟のある聖使徒教会については2回、その他の教会・修道院はそれぞれ1回の授業で話しました。毎回配った資料プリントの枚数もそこにある通りです。ノートと合わせて整理しておいて下さい。今日は簡単なまとめをします。

……（中略）……

このように見てくると、皇帝とつながりの深い聖ソフィア教会、聖使徒教会を除いて、教会や修道院の多くは女性との関わりが深かったようですね。「宗教都市コンスタンティノープル」の特講は、

ビザンツ女性史の一面もあったようです。普通の歴史ではあまり登場しない女性たちの姿を見ることができたのも、この授業の成果だったかもしれません。と、自画自賛したところで、前期の授業は終わります。興味のある人は、参考文献表の井上浩一『ビザンツ皇妃列伝』（白水社）を読んで下さい。

井上　「レポートの準備をよろしく。もちろん卒論もしっかり進めて下さい。夏休みに入ったらすぐに卒論中間発表会です。それでは、また。」

通年 「卒業論文演習」合同発表会と個別指導
——学術論文の作成

第1回合同発表会（4月）——テーマ決定

井上　「こんばんは、第1回の卒論演習を行ないます。」

　4年生は1年間かけて卒論を書きます。履修ガイダンスでも話しましたように、本学の卒業論文は学術論文の水準をめざしています。きちんと卒論を書いた人は立派な西洋史研究者です。

　最初に、西洋史コースでは卒業論文をどのようなものと考えているのか、また卒論作成のスケジュール、心構えなどについてお話します。院生が作成して後輩に贈っている『**卒論Q＆A**』（**仮想大学HP**)[↑]という冊子を知っていますか。文学部の各コースで、卒論をどう考えているのか、どのような指導をしているのか、先生や先輩がアンケートに回答したものです。私の回答は以下の通りです。西洋史コースの卒論指導を知ってもらうのにちょうどよいので、一部紹介します。

　　　♥ 卒論Q＆A　　西洋史コース　　井上浩一
　　　　　　……（中略）……
Q2．先生のなさっている卒論指導の流れを教えて下さい。
　　　　　　……（中略）……
(3) 4年生——卒論演習（学生全員が集まる合同発表会は5回、
　　 毎回全員発表）

①準備報告　（４月）――卒論テーマの確認、テーマに関する概略を報告
②中間報告１（５月）――先行研究を網羅的に調べて報告
③中間報告２（７月）――テーマを絞って詳しい報告
④中間報告３（９月）――卒論の中心となる部分について史料に即して詳しい報告
⑤最終報告　（11月）――最終構成（目次）案に基づき報告。『執筆要綱』配布・説明

　※各回の報告に向けて、学生は教員の個別指導を受けます。院生にも相談に乗ってもらいます。

Ｑ３，これから卒論を作成する学部生に、メッセージをお願いします。

(1)自分がもっているさまざまな力を総動員して、ひとつのことに打ち込む機会は滅多にありません。卒論は可能性への挑戦です。

(2)自分が取り組んでいる卒論について、是非友だちに知ってもらいましょう。また、友だちから卒論の話を聞きましょう。西洋史コースの合同発表会で友だちの報告をしっかり聞くとともに、院生・学生諸君が主催する卒論関係のイベントなどにも積極的に参加して下さい。

(3)個人の挑戦、友だちとのつながり、おまけとして先生の指導。それが卒論です。

　私が一番言いたかったのは最後の２行です。卒論とは個人の挑戦、友だちとのつながり、おまけとして「先生の指導」。私の卒論指導はおまけです。なぜなら皆さんはここまでの勉強で、西洋

史の研究能力を十分に身につけているからです。テーマ設定から仕上げまで基本的には自分の力でやって下さい。

　今日は第1回ということでそれぞれの卒論テーマを確認します。すでに準備レポートを提出してもらっていますので、それに沿って、テーマと進捗状況を報告して下さい。今年は西洋史コースで卒論を書く人が10人ですね。それじゃ、順番に報告して下さい。そのあとで今後の卒論演習の進め方を説明します。そして最後に院生アドヴァイザーを決めます。じゃ、Qさんから。

……（中略）……

　これで全員の発表が終わりました。時代も地域も10人バラバラです。四文字熟語で言うなら「十人十色」ですね。院生アドヴァイザーを決めるために一覧表にしてみます。今年は新しい時代をする人が少ないようですが、幸い、院生も古代・中世をやっている人が多いので、うまく組み合わせられそうです。

♥ 卒論仮テーマ（第1回合同発表会）

Qさん　「古代末期におけるキリスト教」
Rさん　「フランス絶対王政期における王の儀礼」
Sさん　「フランス中世中期の都市社会の諸問題」
T君　　「中世騎士」
Uさん　「インディオの改宗と聖職者の動向」
Vさん　「古代エジプト新王国第18王朝期における宗教改革」
Wさん　「アメリカの市民宗教とナショナリズム」
X君　　「シチリア・マフィアと地域社会のつながり」
Y君　　「近世ヴェネツィア史」
Zさん　「ルーマニア近代史」

かなりテーマが絞れている人、ずいぶん漠然としている人がいます。今の段階ではどちらでも構いませんが、最終的にはしっかり絞り込んだ、細かいテーマで論文を書いてもらいます。たとえば、「古代末期におけるキリスト教」のＱさんは、松本宣郎さんの「初期キリスト教論」（『岩波講座世界歴史７』）を軸に、これまで読んだ本や論文を整理して卒論準備レポートをまとめました。Ｐ.ブラウンの翻訳もいくつか読んで、キリスト教の成立期から６世紀まで概観したレポートです。大変よく調べていますが、このままでは卒業論文にはなりません。「古代末期におけるキリスト教」では卒論のテーマとしては大きすぎます。ここから<u>テーマを絞ってゆきます</u>。ただし、やみくもにテーマを小さくすればよいというわけではなく、<u>研究してゆくなかで自然に論文の焦点が定まってゆく</u>、というのが理想です。

　Ｕさんの報告・レポートは、すでに７月の第２回中間報告くらいの進み方です。よく調べていますし、今後の課題も明確になっています。スペイン語の参考文献まで挙がっていました。この調子でゆけば、きっと素晴らしい卒論になると思います——その通り、優秀卒論賞に輝くことになります。古代エジプトのＶさんもテーマがかなり絞れていますね。Ｖさんは１年の時からエジプトをやると言っていたので、卒論へ向けての勉強も進んでいるようです。逆がＺさん。ルーマニアをやりたい、という意欲はわかりましたが、卒論レポートは簡単で、参考文献リストもついていません。このあとさっそく図書館で調べて下さい。Ｓさん、Ｙ君も、ようやく方向性が見えてきたという段階ですね。

　ただし、例年、出足はいいけれど、途中で失速する人がいます。寄り道したり、袋小路に迷い込む人もいます。また、早くにテー

マを絞った人は視野が狭くなる危険性がありますので、これまた要注意です。逆に、4月にはテーマも決まっていなかったのに、どんどん進んで、最終的にすごい論文を書いた人もいます。この段階で一喜一憂することはありません。勝負はこれから、卒論は長期戦です。

今後の卒論演習の進め方と日程について説明します。まず(1)合同発表会から。このあと中間報告を3回してもらいます。5月、7月、9月です。そして11月に最終報告です。7月と9月は、ひとりあたり1時間以上かけて詳しく報告してもらいますので、2日間かけて行ないます。

合同発表会は必ず出席して下さい。個人の進度によって、また分野やテーマによって異なりますので、『**卒論Q＆A**』[↑]に書いた各回の報告内容はおおよその目安です。毎回しっかり報告するのはもちろん、友だちの発表もよく聞いて、どこを褒められているのか、どんな注意を受けているのか、確認して下さい。卒論は「友だちとのつながり」と言いましたが、またまた四文字熟語でいうなら、「切磋琢磨」も大切です。

次に(2)個別指導について話します。『Q＆A』にも書いたように、たいした指導はしません。本当に困った時に相談に来て下さい。たとえば、行き詰まったのでテーマを大きく変えたいとか、外国語文献がどうしても見つからないとかですね。見るに見かねて、論文のまとめ方など助言することもありますが、できるだけそういうことのないように。

その代わり、皆さんの卒論テーマを専門とする他大学の先生に助言を頼みます。ビザンツなどという狭い分野をやっている私があれこれ言うよりも、うんと効果があります。Qさんなら奈良大

学の足立先生ですね。P. ブラウンの翻訳もしておられます。ただし、紹介するのは研究がある程度進んでからです。専門家に相談するには時期というものがあります。

　日常的な相談は院生アドヴァイザーにして下さい。これから皆さんそれぞれに院生アドヴァイザーを決めます。責任転嫁といえば責任転嫁ですが、これには深い意味があるのです。もう20年くらい前に書いた文章ですが、こちらも西洋史コースの指導方針を述べていますので、引用します。

♥ 仮想大学・教育改革シンポジウム

文学部西洋史コース　井上浩一

　……最後に大学院につきまして、高度な学術研究の機関という側面ではなく、学部教育との関連という点から、ひとことだけお話させていただきます。

……（中略）……

　海老沢泰久の『監督』（新潮文庫）という野球小説があります。そのなかで、万年最下位のチームの監督を引き受けた広岡（元ヤクルト・西武監督がモデル）が、コーチに招こうと思う友人（元西武監督の森がモデルらしい）に次のように言う場面があります。

　　超一流でなくてもいいから、とにかくまともな選手が欲しい。ピッチャーならローテーションを守って投げられる選手、野手ならダブル・プレーがきちんとできる選手。ドラフトでうちのチームにもそこそこ素質のある若手が入るが、結局ものにならないのは、まわりにいい見本がないからだ。監督やコーチがいくら言うよりも、目の前にいい選手がいることの方がはるかに効果がある。「そうか、こういうふうに練習す

> れば、あんなうまいプレーができるのか」と彼らに思わせる選手が欲しい。
>
> 　時間の都合で詳しくは申せませんが、このような意味で、大学院の充実が学部学生の教育にとって、教員があれこれ指導する以上に、効果があるのではないかと、私は思っております。

　井上　「うちの院生諸君は一流選手です。立派な卒論、学術論文を書いて研究を続けています。相談すれば、自分の経験もふまえて的確な助言をしてくれます。また院生の勉強ぶりもよ〜く見て下さい。卒論を書くのにきっと参考になります。それじゃ、第1回の発表会はこれで終わります。」

第2回合同発表会（5月）——先行研究の整理

　井上　「おはようございます。今日は1日かけて卒論の合同発表会です。報告レジュメの印刷は済んでいますか？　今回の報告の主な目的は先行研究をしっかりおさえることでしたね。そこから卒論の具体的なテーマが浮かび上がってくるはずです。最初の報告者はQさんです。」

　Qさんの卒論準備レポートと第1回発表「古代末期におけるキリスト教」は、その時にも言いましたが、とても良い発表でした。満点に近いレポートです。しかし満点のレポートでも、卒論としては合格点にならないことがあります。レポートと論文は性格が異なるからです。

　今日の報告は「古代末期におけるキリスト教」と表題は前回と同じですが、副題として「都市における教会と国家の関わり」と

ありますね。調べたことをまとめるのがレポートで、いろいろ調べたなかから、問題を設定してさらに調べる、分析・考察を加え、結論を導くのが論文です。Qさんは論文へ向けて着実に進んでいるようです。とはいえ、カッコいい表題で、しょうむない報告もありますから、聞いてみないとわかりません。Qさん、報告を始めて下さい。

Qさん「始めます。レジュメはA3サイズ3枚です、御確認下さい。古代末期のキリスト教に関する研究を整理してみました。」

大きく4つの分野に分けて、研究動向と代表的な研究を紹介します。ひとつ目は、古代末期という時期の理解です。かつてはいわゆる3世紀の危機を画期として、古代が終わり中世へと向かってゆくと考えられていましたが、現在では、たとえばピーター・ブラウンの研究のように、3世紀に古代の終焉を考えるのではなく、3～7世紀をひとつの時代、古代末期と捉える傾向が強くなっています。この点については、前回の発表会の時に先生から名前を聞いた、足立先生の論文を読んでみました。参考文献欄に挙げています。

次に「2、キリスト教研究史」にゆきます。たくさん文献がありますし、キリスト教のことを知らなければならないと思い、松本先生の論文を手がかりにいくつか読んでみました。……（中略）……。

3つ目は古代末期地中海史の視点です。従来は西欧的な視点からローマ帝国の衰亡が語られてきました。しかし現在では、エジプトやシリアなど地中海世界東部にも考察が向けられるようになっています。この地域はキリスト教史においても、教義の確立という点で重要な地域なのですが、そういった教義を生み出した社

会という点ではなおざりにされてきました。1970年代以降の社会史において、その点が克服されています。F. ティンネフェルトの『初期ビザンツ社会』もその一例ですし、大月論文が紹介しているパトラジャンの研究も注目されています。

これらの研究によって、かつて考えられていたような、すべての住民が身分と出生地に縛られる社会というイメージが崩れ、流動性に富む活気ある社会であったことが注目されるようになりました。ただ、そのような流動的な社会から抑圧的な外観を持つ権力が、どのようにして生まれるのかは充分に検討されていないようです。この点も興味深いところですが、私としてはキリスト教、教会に関心がありますので、その問題は卒論では取り上げません。先に紹介したP. ブラウンの聖人研究は、この問題にも答えようとしているようです。

4つ目のテーマとして、教会と国家・社会の問題があります。この点についてもっとも研究されているのは、コンスタンティヌス帝による転換で、同皇帝のキリスト教政策は細かく研究されています。ただ、コンスタンティヌス個人にはあまり関心がないので、とりあえず調べたことを簡単に紹介するにとどめます。……（中略）……

私がとくに関心を持っているのは、4世紀における帝国内部での教会の役割です。それを報告のサブタイトルにもしています。その前提として4世紀における教会制度の発展について述べます。この点についてはマルー『キリスト教史2 教父時代』（平凡社）やクレマン『東方正教会』（白水社）を読んでみました。……（中略）……教会の社会的機能という点では、いろいろな側面が指摘されています。レジュメに列挙しました。①立法への影響、②慈

善事業、③風俗・倫理への影響、④行政・徴税や裁判への影響などです。それぞれについて簡単に説明します。……（中略）……

　最後に「今後について」にゆきます。課題を4点挙げましたが、さしあたっては最初に挙げた「都市についての文献・論文による勉強」――慌てて書いたのでレジュメの表現が変ですが――、都市制度について調べてゆきたいと思います。……

Qさん　「私の発表は以上です。」

井上　「はい、結構でした。Qさんの発表は先行研究をしっかり押さえ、論文のテーマを絞り込むという、5月報告の理想です。テーマによってはこの作業が7月までかかる場合もありますから、慌てなくて大丈夫ですが、皆さんもQさんを参考にして下さい。ただし、Qさんの場合、今回のテーマ設定でもまだ卒論にはなりません。仮テーマに沿ってさらに勉強、勉強してさらにテーマを具体化することが必要です。」

第3回合同発表会（7月）――テーマ変更・寄り道・迷路

井上　「おはようございます。昨日から始めた卒論の合同発表会、今日は残りの5名が報告です。順番はどうします？　ジャンケンで負けたT君がトップバッターですか。それじゃ始めて下さい。」

(1)テーマ変更＝T君「中世フランスの騎士道」

T君　「5月の報告では、騎士の原型とはどのようなものであったか、フランク王国カロリング朝における騎士の神聖化を卒論のテーマにしたいと言いました。フランク王国の歴史や『ローランの歌』のモデルについて調べ始めたのですが、やっているうち

に、やはり騎士道が確立した中世後期の方が面白いと気づきました。騎士道とはどういうものだったのか、封建制度と騎士道の関係、キリスト教と騎士道の関係、このふたつの側面から騎士道について調べたいと思います。今日は、S. ペインターの『フランス騎士道——中世におけるフランス騎士道理念の慣行』(松柏社)を中心に、関連文献をまとめてみました。……(中略)……

最後の「今後の課題」に移ります。このあと、フランス以外の国、広くイギリスやドイツの騎士道についても調べます。また時代や事件・人物を特定して研究をしたいし、そのために騎士道についての専門的な論文を探したいと思っています。」

井上「はい、結構です。テーマというか、時代を変更したのですね。一歩後退ですが、……」

テーマ変更について話しておきます。テーマ変更といってもいろいろあります。研究を進めてゆくなかで、次第に絞られてゆく、ないし具体化してゆく変更もあれば、その正反対なのが、行き詰まったり、厭になって全然別のテーマに変えることです。たとえば、古代メソポタミアをやっていて、突然気が変わってアメリカ現代史というような変更です。

前者はむしろ歓迎です。また、卒論作成のかなり遅い段階でも変更可能、場合によっては必要な変更です。問題なのは後者ですね。メソポタミアからアメリカほど極端ではないにしても、研究が行き詰まって、苦し紛れの変更は望ましくありません。3年生までなら構いませんが、4年になってそのような変更するようだと、卒業が危なくなります。

T君の変更は、どちらかというと前者に近いですし、時間的にもまだ許容範囲内です。テーマ変更が吉と出るか凶と出るかは、

このあとの夏休み次第でしょう。しっかりやって下さい。
　　　　　　……（中略）……

⑵寄り道＝Ｑさん「司教裁判と司教権力──アウグスティヌスの場合」

　井上　「それじゃ、次はＱさんです。前回は先行研究をしっかりまとめました。今日は、あれっ、Ｑさんもテーマ変更ですか？」

　Ｑさん　「テーマは同じく「古代末期におけるキリスト教について」ですが、今日はアウグスティヌスを取り上げて、司教裁判と司教権力について考察します。参考文献は長谷川宜之先生の『ローマ帝国とアウグスティヌス』（東北大学出版会）と一連の論文です。なお、司教裁判の概略については『古代史講座』の弓削論文「後期ローマ帝国における都市の構造的変質」に拠っています。

　　　　　　……（中略）……

　まとめます。司教裁判は司教個人の力、影響力によるところが大きかったようです。司教が行なうその他の活動もそうだったのか、が気になりました。

　最後に今後の課題ですが、本来の対象地域である東地中海に戻って、都市における司教裁判をやってみたいと思っています。どの都市に焦点をおくか未定ですが、前に調べた先行研究の状況から、シリアのアンティオキアにしようかなと考えています。以上で報告を終わります。」

　井上　「はい、結構でした。アウグスティヌスの報告なので、一時はどうなることかと思いましたが、Ｑさんの卒論作成の一段階として、意味のある報告だったと思います。足立先生を紹介しますので、夏休みを有効に活用できるよう、指導を受けて下さい。」

　今日のＱさんのような報告を「寄り道報告」と呼んでいます。

卒論の本来のテーマから少し外れているからです。しかし卒論の作成はまっすぐ一本道というわけにはゆきません。わき道に迷い込んだり、迷路にはまったりします。寄り道が脱線事故にならないよう、このあとの論文作成に生きるようにして下さい。Qさんの場合、今回の寄り道で、都市における司教裁判という具体的なテーマをつかみました。長谷川さんの本や論文を読みこんだ成果と言えます。学術論文がどのようなテーマで書かれているのか、逆に言うと、どのようなテーマが学術論文になるのかがわかったようですね。うまくゆくと、北アフリカ（西ローマ帝国）との比較で、Qさんがやろうとしている東部地域の特色が浮かび上がってくるかもしれません。

　本来のテーマから離れた寄り道報告といっても、苦し紛れの、その場しのぎの報告はよくありません。発表の日が近づいてきたけど、うまくまとまらない、とにかく今回の報告を凌ごうと、適当なテーマでお茶を濁すのはよくありません。もっとだめなのは「猫の目報告」です。発表テーマが毎回ころころ変わるようでは、10年経っても論文は書けません。それくらいなら、本来のテーマで正面突破をはかって玉砕して下さい。あとにつながります。

……（中略）……

(3) 迷路——Zさん

井上　「Zさんは昨日今日とお休みですね。私のところには連絡がないのですが、院生アドヴァイザーのHさん、何か連絡を受けていますか？」

Hさん　「私のところにも連絡はありません。前回の報告以来まったく音沙汰なしです。」

井上「しかたないですね、Ｚさんには改めて個人的に報告してもらいます。予定より早いですが、今日はこれで終わります。このあと、院生諸君が慰労会の準備をしてくれてます。突っこんだ助言も聞けますので、なるべく出るようにして下さい。」

　前回の合同発表会でいろいろ指摘されたＺさん、自信を失ったようです。自信を失うくらいならまだよいのですが、やる気を失うと致命的です。大きく遅れているＺさんにとって、この夏休みが挽回の機会です。個別指導はなるべくしない西洋史ですが、見るに見かねて「黒板指導」をします。

　卒論に行き詰まった時、ブレーンストーミングしながら、仮アウトライン作成をやり直すことが効果的です。これまでのノート・カード・資料などを広げて、１日ゆっくり考えるのです。Ａ３くらいの大きな紙に構想を図解して、テーマや構成、論点が目に見えるようにするのがコツです。うまくゆくと、章立てがまとまり、結論まで見えてきます。

　ひとりでやっていても堂々めぐりして、いよいよ泥沼にはまり込みかねないので、先生に助言してもらいながら、この作業をするともっと効果があります。空いている教室で、色チョークを使って黒板に論文の構想・論点などを書いたり消したりしながらまとめてゆく。黒板指導と呼んでいます。最後に、黒板一杯に広がった仮アウトラインを携帯カメラに収めて終わりです。

第４回合同発表会（９月）——テーマ確定、史料への挑戦

(1)テーマ確定——Ｑさん

井上「おはようございます。今日明日と、夏休みの成果を発

表してもらう第4回合同発表会を行ないます。全5回のなかで一番重要な発表会です。それじゃ、Qさんから。」

Qさん「レジュメをご覧ください。テーマは「古代末期の司教権力と説教——アンティオキアにおけるクリュソストモス」です。」

　前回ちょっと西の方へ寄り道をしましたが、卒論はやはり東方キリスト教社会で書きます。今回の報告は3点からなります。(1)地域・時代・テーマについての再整理、(2)都市アンティオキアの状況の確認、(3)クリュソストモスについて調べたことのまとめ、です。それではレジュメに沿って順に報告します。今日一番詳しく報告するのは(2)のアンティオキアです。(1)はこれまでの報告をもとに簡単に確認するだけ、(3)クリュソストモスは、卒論の最終的なテーマですが、まだ史料を読んでいませんので、今回は概略の紹介です。今後の課題です。

……（中略）……

井上「最終的なテーマがクリュソストモスということで固まったようですね。同時に、論文の骨格も見えてきました。順調です。夏休みにしっかり勉強した成果ですね。」

　史料はこれから読むとのこと、それでよいと思います。これまでは先行研究、本に書いてあることを中心に議論を組み立ててきましたが、学術論文ですので、みずから原史料を読んで考察することが必要です。論文作成法といった本には、早い目に史料に取りかかるようにと書いてあります。確かに史料は手ごわく、読解に時間がかかりますから、夏休みに読むのが理想的、と言いたいところですが、あまり早い段階で読むと挫折するかもしれません。テーマを充分消化して、問題点がわかってから、極端にいうと、

こういうことを知りたい、確認したいと思って読む方が無難だと思います。

(2)史料への挑戦——先輩N君の体験

　Qさんはこれからクリュソストモスの説教を読むようですが、参考のため、ものすごく頑張って史料を読んだ先輩の苦労を紹介しておきましょう。3年前のN君です。テーマはカトリック世界における正戦（正しい戦争・正当な戦争）思想と第4回十字軍の関係でした。

　7月の中間発表でN君は、第4回十字軍の基本史料で日本語訳もあるヴィラルドゥアンとクラリを中心に、この十字軍に参加した聖職者がどのような正戦観念をもっていたか、十字軍の展開のなかでその考えをどのように発展させたかを、関連論文などを参考にして報告しました。いろいろ調べているうちにN君は、シトー修道会が十字軍とかかわりが深いことを知り、そのシトー修道会のアルスティアン修道院長マルティンが十字軍に参加していたこと、さらに彼の行動を記した年代記の英訳があることを知りました。*The Capture of Constantinople: The "Hystoria Constantinopolitana" of Gunther of Pairis*, ed. and tr. A. J. Andrea, Philadelphia, 1997. です。

　この年代記は、ヴィラルドゥアンやクラリと比べて史料的価値は低いとされています。しかし、個々の事件についての記述は信頼できないかもしれないが、この著作から、当時成立しつつあった正戦観念を明らかにできるのではないか、そう考えて、夏休みのかなりをかけてこの本を読んだのです。<u>テーマを決め、原史料を分析する</u>、まさに<u>歴史研究の正攻法</u>です。英語の史料を大量に

読んだのはすごいことですね。よく頑張ったと思います。ところが、これが空振りでした。正戦の思想を読み取ろうとしたのですが、さっぱり出てきません。

　合同発表会が近いというのに、苦しい立場に追い込まれました。でも真面目なN君は、お茶を濁すような発表はせず、"Hystoria Constantinopolitana"の内容を詳しく説明して、この史料ではあまり正戦のことはわかりませんでした、と報告しました。それでよかったと思います。問題はそこからです。3つの道があります。

　⑴テーマ変更。この史料からできるテーマに変える。せっかく英語で読んだのだから、これを生かそうというわけです。史料から研究テーマを引き出す、これが歴史研究の基本ですが、実際にはなかなか難しく、学生諸君にはあまり勧められません。

　⑵この史料は諦める。夏休みを潰して読んだけれど、英語の読解力がついたと思えば諦めもつく、……つかないか。研究ではこういうことがよくあります。でも辛いですね。

　⑶なんとか卒論に使う。もう一度読み直して、使えるところを探す。具体的に言うと、正戦への直接の言及はなくても、十字軍士や聖職者たちの発言・行動を見直して、戦争や敵に対する考えを示す断片的な記事を、なんとか（強引に？）テーマの正戦論に結びつける。これが一番いい方法です。なぜ良いかというと、まず無駄が少ない。これまでやってきた正戦に関する勉強が活かせる。さらに、正戦を正面から論じた史料――N君は5月報告でグラティアヌス『教会法』を紹介しました――では得られないような貴重な、かつこれまで見過ごされてきた情報が活用できる可能性がある。実際にはこれもなかなか難しいのですが、ともかく⑶をやってみましょう。

第5回合同発表会(11月)――構成の確定、執筆指導

(1)構成の確定――Qさん

井上「おはようございます。いよいよ卒論の最終報告です。今日は、それぞれまとめてきた目次案に沿って、卒論の全体構成を報告して下さい。そのあと**『西洋史コース卒業論文執筆要綱』(仮想大学HP)**[＋]に従って執筆指導をします。ではQさんから報告して下さい。」

Qさん「よろしくお願いします。最初に、前回の報告から変わった点、勉強したことについて述べておきます。」

まずテーマをアンティオキアにおける聖職者と世俗権力の関係に絞りました。具体的にはこの町の司祭であったクリュソストモスが、皇帝や民衆に対してどのような影響力をもっていたのかを探りたいと思っています。その考察の史料として彼の説教、とくにアンティオキアの市民暴動をめぐる387年の説教を取り上げます。この史料は……（中略）……。

クリュソストモスについて調べました。349年アンティオキアに生まれています。以下、彼の経歴をレジュメに従って説明します。……（中略）……。

アンティオキアについても教会問題に焦点を当てて詳しく調べ直しました。少し詳しく報告します。……（中略）……。

最後に、卒論の構成を目次に沿って説明します。レジュメの3ページ以下を見て下さい。

序論では、先行研究を紹介し、なぜアンティオキア、クリュソストモスを取り上げるのかを説明したあと、クリュソストモスと

皇帝・民衆との関わりを論文のテーマとすることを述べます。

　第１章は歴史的背景を述べます。１章１節では、古代末期とはどういう時代か、大きくまとめ、２節では４世紀における帝国東部の状況、３節ではさらに細かくキリスト教の様子を述べます。

　第２章はアンティオキアです。まず都市の景観と歴史を第１節で記し、第２節では住民について、とくに宗派別に考察します。第３節は今日報告しましたアンティオキアの教会問題を書きます。

　第３章はクリュソストモスの説教の分析です。彼個人について、今日の報告をもとに概略を説明したあと、問題別に、皇帝、異端・異教、民衆と３節構成とする予定です。どのようにまとめるかはまだわかりません。皇帝との密接な関係、民衆の指導者としてのクリュソストモスといった感じでまとめられるのではないか、と想定していますが、史料をさらに読み込んでゆく必要があります。

　Ｑさん　「現段階における卒論の構成は以上の通りです。」

　井上　「最終アウトラインが確定したようですが、さらに史料を読むとのことで、その結果によっては、論点や構成に微妙な変更があるかもしれません。ともかく今日の段階はこれで充分すぎるほどです。論文の焦点が定まりましたから、史料の読解も進むはずです。このあとも、できるだけ多くクリュソストモスの説教を読んで下さい。まずパラパラと読んで使えそうかどうか判断する、良い意味での「適読」です。使えそうとわかったら、今度はていねいに読むというわけです。

　Ｑさんは今回もしっかりした報告でした。良い論文が期待できそうです。では次に、Ｕさん。おっ、詳しいレジュメですね。」
……

(2)執筆指導

井上「最後に卒業論文の書き方を説明します。まず**『西洋史コース卒業論文執筆要綱』**↑を配ります。論文の形式について詳しく説明していますので、しっかり読んで、この要綱に従って卒論を書くように。とりあえず、註の付け方を説明しておきます。」

　皆さんの卒業論文は学術論文ですから、学術論文としての形式が必要になります。とくに<u>出典の表示、つまり註は論文の価値を左右します</u>。自分が何を根拠にこのような議論を展開しているのか、このような結論を出すのかをきちんと示さないと、いくら独創的な議論をしても、そもそも論文と認められません。……（中略）……

　よい論文を書くためには推敲が大切です。推敲はまだ先のことですが、そのやり方を３段階に分けて簡単に説明しておきます。

　①**構成**のチェックは、章・節の展開がスムーズか、段落（パラグラフ）の切り方、並べ方は適切かをみます。下書きの欄外にパラグラフごとに小見出しを付けてみるのがいい方法です。その段落で何を述べているのか、見出しを付けることで確認します。ひとつのパラグラフはひとつのことを述べますから、うまく見出しが付かない段落は区切りが悪い、ということです。続いて、その小見出しを順に見てゆきます。議論の流れがスムーズかどうかの確認です。小見出しだけを順に見て、話の展開が見えてこないのは、段落の並べ方が悪いということになります。下書きの前にきちんとしたアウトラインを作成しておくと、この作業、パラグラフ点検で苦しまなくて済むのですが。

　②**文章**のチェック。声に出して読みましょう。ひとつの文が長すぎないよう注意して下さい。とくに「……は〜であったが、

……は〜である」というような無意味な「が」で文章をだらだら続けるのは良くありません。1年の時に使った本多勝一『日本語の作文技術』をもう一度読んで下さい。「修飾語の順序」、憶えていますか？

③**単語**のチェック。自分の言いたいことをぴったり表現する単語を選びます。『類語辞典』を使いましょう。英語ではシソーラス thesaurus と言います。もともとの意味は宝蔵です。まさに宝が詰まっています。

井上　「12月中に下書きを提出して下さい。例のように、細かい指導はしませんが、致命的なミスは通知します。卒論提出まであと2ヶ月弱ですね。お正月返上で頑張って下さい。これで、卒論最終発表会を終わります。」

補講1　土壇場のメール指導

　締切1週間前になってメールが届きました。「卒論第1稿の提出」という件名です。第1稿にしては遅い、12月中と言ったはずだが、と思いつつメールを読みます。

　　　1月〇日、井上先生、西洋史コース4年生のYです。卒業論文を一通り書きましたので仮提出します。添付ファイルのワード文章です。まだまだ問題も多いと思いますが、いろいろとご指摘いただければ幸いです。……

他の人の参考にもなるので、返事は4年生全員に同報します。

　　Y様（4年生諸君にも同報します）、1月〇日、井上

　　下書きを読みました。もう大幅な修正をする時間はありませんし、卒論は学生が書くものですから（『**卒論Q＆A**』[↑]に

9月24日　第4回合同発表会「17世紀リマ大司教管区における偶像崇拝根絶運動」

　※夏休みに調べたことを取捨選択して、卒論の核となる偶像崇拝根絶巡察について発表しました。この報告が卒論の第3章のもとになっています。

9月末　<u>史料の読解、スペイン語論文の読解</u>

　※いきなりスペイン語論文を読むのは難しいので、しっかり予備知識を固めてから読みました。予備知識があると思いの外スラスラ読めます。

11月上旬　これまで4回分の発表レジュメを見直して、卒論の章立てを考える

　※院生アドヴァイザーになんども相談に乗ってもらいました。

11月22日　第5回合同発表会「16〜17世紀植民地ペルーにおける先住民改宗とスペイン人聖職者」

　<u>※論文の目的、論点を明示し、章立ても確定しました。</u>各章の内容について報告しました。

12月初　少しずつ本文を書き始める

　※あとはひたすら論文作成。夢中でした。とにかく勉強したということ以外あまり憶えてません。

1月14日　提出！！

3、卒論作成のポイント　※思いついたことを列挙します。

(1)本や論文を読む時はノートをとる（読みっぱなしはだめ）、それをパソコンで整理する。

(2)時々、振り返って情報を整理する。※無駄な時間のようですが、これが大切です。

(3)文献を探すのには、本や論文の参考文献と註を見るのが1番。

(4)論文（とくに日本語論文）はとりあえず読んでみる。適当に読む目を養う。

(5)パソコンの上書き保存はしない。

(6)外国語の良い研究を1冊、時間をかけて探し、きちんと読む。

　※私の場合は K. Mills, *Idolatry and Its Enemies* でした。

(7)困ったら相談。

Uさん　「私の卒論体験は以上です。後輩の皆さんも頑張って下さい。」

井上　「ありがとう。新4年生の皆さん、参考になったでしょう。1年生の初年次セミナーで学んだレポート作成の手順とほとんど同じですが、レベルが格段に違います。注目して欲しいのは、井上先生に相談という項目がないことです。Uさんには個別指導をした記憶がありません。理想的な卒論作成ですね。」

卒業論文口頭試問

　提出された卒業論文に関して口頭試問が行なわれます。試験室でひとりずつ先生から論文について、質問や批評を受けるのです。他コースの先生も副査として出席されますから、ぶざまなところは見せられません。あなたの応答に、西洋史コースの名誉がかかっています。

　口頭試問の成績も含めて卒論の合否・点数が決まります。口頭試問はどのように行なわれるのでしょう？　卒論の点数はどのように付けられるのでしょうか？　口頭試問の最初に井上教授が所見を読み上げます。あなたの卒論に対する総合的な評価、いわば判決文です。そのあと質問が次々と出されます。ひとり平均30分、質問攻めに耐え抜く、仮想大学での最後の勉強、卒業への最後の関門です。

　それでは所見をいくつか紹介します。どういう点が評価されるのか、あるいは叱られるのか、参考にして下さい。まずは、寄り道も含めて、その作成経過をみてきたＱさん、最終結果はどうだったでしょうか。

Ｑさん「変化の時代の聖職者——クリュソストモスの視線の先に」
【所見】
　よく勉強している。難解なピーター・ブラウンの著作を読みこなすところから始めて、<u>先行研究を消化し、さらに原史料（英語）を独力で読解して、議論に位置づけた点も評価したい。</u>序論から

結論に至る議論の展開も乱れが少ない。難を言えば、前提となる1、2章が長すぎて、肝心のクリュソストモスに関する考察がやや手薄、かつ史料紹介的なものにとどまったことである。ただし、先行研究も少ないところなのでやむを得ないかと思う。

ローマ帝国東部における司教（主教）の役割について、皇帝権力との関係、市民との関係の双方からQさんなりに一定の見解を出している。通説とそれほど異ならない結論だとはいえ、Qさんがクリュソストモスという存在に目をつけ、その説教集という原史料に基づいて導き出したことは高く評価できる。

卒論作成の過程も、古代末期についての包括的な勉強から、都市と司教の問題、そしてアンティオキア、クリュソストモスと着実に進めてきた。途中、いったん帝国西部へ移ってアウグスティヌスの勉強をしたが、それもテーマ設定に活かすことができた。

もっとも、せっかく勉強した帝国西部の司教のことを議論にも活かせたら、さらによかったと惜しまれる。つまり東部における都市の存続、皇帝権力の強化のもとでの司教のあり方を浮き彫りにするために、都市・皇帝権力の衰退が著しかった西部の司教との比較が重要と思われるからである。従来の研究も司教については東西の違いに注目してきたし、序論の研究史でQさん自身そのことに触れているから、ないものねだりでもないだろう。

このあといくつか質問するように、細かい点ではいろいろ注文もある。論文の表題も少し凝り過ぎたように思う。しかし、繰り返しになるが、<u>よく調べ、考えて、まとめた好論文</u>である。

　　　　　※褒められました。このあとどんな質問が出るのか、不安はありますが、勉強したことを落ち着いて答えれば大丈夫そう

です。次は、優秀卒論賞に輝くことになるモデル志望（？）のＵさん。

Ｕさん「16〜17世紀植民地ペルーにおける先住民改宗——スペイン聖職者の立場から」

【所見】

外国語文献（英語＋スペイン語!!）まで含めて広く勉強しており、それらをしっかりまとめたうえで、独自の考察を加えている。文章表現も学術論文にふさわしい格調がある。

問題設定は先行研究をきちんと踏まえてなされており、やや安易な総合化（研究史の第１段階＝スペイン側の視点、第２段階＝先住民の視点、そこでＵさんは相互の影響に注目）ではあるが、それなりの意義はあるし、スペイン人聖職者と先住民の関係の一側面を「共謀」という概念でとらえようとしている点も評価できる。

論旨の展開も、やはり先行研究をきちんと踏まえて——それは詳しい註によく表れている——具体的事実に基づいており、説得的である。「おわりに」のまとめも実に明快で、卒業論文の水準をはるかに超えた力作である。

Ｕ論文はよく書けているので、所見が他の人より短くなった。そこでもう一言付け加えておく。２年生の時、コンパの席で学生諸君から「Ｕさんは入試の成績が１番やった」ということを聞いたことがある。そんなことは教員でもわからないので、嘘だろうと眉に唾をつけていたが、３年生の西洋史演習と４年生の卒論演習を担当して「ひょっとしたら本当かもしれない」と思い、今回卒論を読んで「どうやら本当らしい」と思うようになった。大学院入学後もしっかり勉学をつづけて、「絶対間違いない」と思わ

せて欲しい。今後の研鑽を期待している。

※この所見、後半は字数稼ぎのようです。卒論でこんなことをしてはいけません。仮想大学、井上教授最後の教訓です。ところで、途中でテーマを変えた騎士のＴ君はどんな試問になったのでしょう。気になりますね。所見をちょっとだけ見ましょう。

Ｔ君「14世紀フランス騎士道──騎士から見た時代」
【所見】

原史料としてシャルニーの『騎士の書』を読み、しっかりまとめている。先行研究の整理や史料の読み込みに、なお望みたい点はあるものの、考察は着実であり、結論もほぼ妥当である。文章表現も優れており、全体として、卒業論文としての水準を満たしている。

シャルニーの騎士道理念の要となる概念として「名誉」を提示している。この概念を説明しようとして、対概念である不名誉の考察から始めるなど、それなりの工夫をしているものの、いまひとつ「名誉」が明快にならなかった。そもそもひとことで表現できるような観念ではないので、やむを得ないかもしれないが、その点に不満が残った。シャルニーの名誉概念についてはのちほど細かく質問したい。……以下略……

※原史料に取り組んだ立派な学術論文が書けたようです。7月のテーマ変更が正解ということになりました。もうひとり気になるのがＺさん。所見の最後だけ引用しましょう。「……。このあとの質問にしっかり答えて卒業して欲しい。」──合格点はもらえそうです。

卒業式　学長式辞

　皆さん、御卒業おめでとうございます。4年前、入学式の時の皆さんと、今、卒業式に並んでおられる皆さんは大きく変わられたことと思います。恐らく、4年前の自分が、はるか彼方のことのように思えるのではないでしょうか。それだけ皆さんが成長されたということです。本学の教育が皆さんの成長に与っているとすれば、大学人のひとりとしてこれに勝る喜びはありません。

　皆さんはこれから社会に出てゆかれます。その時には、大学4年間で何を学んだのか、それが問われます。皆さんひとりひとりはもちろん、我が仮想大学も、皆さんを通じてその真価が問われることになります。最近では大学の社会貢献ということが言われるようになりました。自慢ではありませんが、仮想大学はいっさい社会貢献をしていません。優秀な卒業生を送り出すこと、それこそが社会貢献であると考えています。皆さんの存在は我が大学の誇りです。

　近年では、やはり実学ということも強調されています。実社会に役立つ学問ということです。バーチャルな実学とは矛盾しているとお思いでしょうが、仮想(バーチャル)大学もまた実学を旨としています。とくに本学の西洋史は実学です。憶えるだけの歴史ではなく、テーマを決め、資料を調べ、考えてまとめる、研究をした経験は社会で役に立ちます。卒業論文をきちんと書き上げた人は、どの分野に進んでも大丈夫です。しかも歴史を学ぶことは、遠い世界、

昔の人々に思いを寄せる、広い視野と豊かな人間性を備えた、良い意味でのエリートの条件でしょう。

またまた西洋史の話になってしまいましたが、卒業生の皆さんが、本学で学ばれたことを生かして、それぞれの道で活躍されることを祈ります。このあと各学部・学科・コースごとに、先生方や同級生とお別れ会があるようです。西洋史コースは卒業生主催の送別会を例の図書館喫茶室で開催します。他学部の皆さんもよければ御出席下さい。

以上をもちまして卒業生諸君へのはなむけの言葉といたします。

2012年3月31日
仮想(バーチャル)大学学長　井　上　浩　一

西洋史コース送別会

卒業生幹事　開会の辞

　皆さん、本日はお集まりいただき、ありがとうございます。これより西洋史コース送別会を開催いたします。私は司会を務めさせていただきますＡと申します。よろしくお願いいたします。まずは井上先生に乾杯の御発声をお願いしたいと思います。

井上教授　乾杯

　皆さん、御卒業おめでとうございます。

　思い起こせば４年前の春になります。皆さんが入学された時、私はたまたま学長になったところでした。学長職が忙しく、教授の責務を果たせないのではないか、学生諸君に申し訳ないと心配しておりましたが、そこは仮想大学のこと、学長としての仕事があるのか、ないのか、よくわからないまま４年間の任期を全うすることができました。

　もっとも、入学式の挨拶で、他学部・他学科に入学した人に西洋史コースのガイダンスを受けるよう勧めたことで顰蹙（ひんしゅく）を買い、さらに学長裁量経費を使って、皆さんにフォルダやコピーカードを配ったことも非難されて、針のムシロのような学長生活でした。そんな私の心の支えは、西洋史を学ぼうという意欲に燃えた皆さんでした。教室で、図書館、コンパの席で、この４年間の皆さんとの思い出は生涯の財産です。

　私の個人的な回顧はともかく、皆さんはこれから社会へ出たり、

また大学院で研究を続けたり、それぞれの道を進まれますが、どの道をゆこうと、西洋史を研究したことが、きっと皆さんの将来に……。えっ？、早く乾杯？　それでは皆さんの前途を祝して乾杯しましょう。乾杯！

　　　　……学生生活の思い出と卒論の自慢で盛り上がって、笑い声が続く……

卒業生幹事　閉会の辞
　とうとう先生の顔を見ないままでしたが、4年間で西洋史の研究法はしっかり身につきました。これもひとえに井上先生の熱心な御指導のお蔭と、卒業生一同、心より御礼申し上げます。また、先輩の皆さん、後輩の諸君、仲よくしてもらったことを感謝しています。先生や皆さんとの楽しい思い出を胸に、仮想大学を卒業できることは、私たち卒業生のなによりの喜びです。それでは、西洋史コースのますますの発展を祈りつつ、これをもって閉会とさせていただきます。本日はありがとうございました。なお、二次会はオフ会というかたちで行ないます。最後の最後に井上先生の顔を見ましょう。

仮想(バーチャル)大学HP項目リスト

※（　）は作成者。作成者名なきものは著者作成

大学案内

1、「学長挨拶――2013年度入学式式辞」
2、「教員紹介」
　　関連業績　①2004年度１回生セミナー：「レポート作成法」
　　　　　　②レポート作成指導授業と図書館の快適性
3、「入学案内」

教材

1、「レポート作成の手引き」
2、「レポートの実例と批評」
3、「レポート体験記」
4、「下書きと推敲（抄）」
5、「講義ノートの実例」
6、「西洋史コース卒業論文執筆要綱」（大阪市立大学文学部西洋史）
7、「読書ノートの作り方」
8、「演習発表・卒論中間報告の技法」

学生生活

1、「初年次セミナーへの招待」（大阪市立大学大学教育研究センター）

2、「卒論Q＆A」（大阪市立大学文学部・文学研究科教育促進支援機構）

公開授業
1、「聖テオドシア教会」（大阪市立大学学術情報総合センター）

図書館
1、「ライブラリー・ガイダンス――西洋史入門編」（大阪市立大学学術情報総合センター）
2、「西洋史関係文献調査法」
3、「仮想大学図書館所蔵図書目録」
4、「OPACで図書を探してみよう」（大阪市立大学学術情報総合センター）
5、「OPACで雑誌を探してみよう」（同）

◇著者紹介

井上浩一（いのうえ　こういち）

- 1947年、京都市出身。71年、京都大学文学部卒業。76年、同大学大学院文学研究科博士課程単位取得退学。大阪市立大学文学部助手・講師・助教授・教授を経て、現在、同大学名誉教授。
- 専門はビザンツ帝国の政治と社会。皇帝・貴族から農民・市民にいたる諸階層が織りなす歴史の解明をめざしている。
- 著書に『ビザンツ帝国』（岩波書店）、『生き残った帝国ビザンティン』（講談社現代新書・同学術文庫）、『ビザンツ皇妃列伝』（筑摩書房・白水Ｕブックス）、『ビザンツとスラヴ』（栗生澤猛夫と共著、中央公論社・同中公文庫）、『ビザンツ　文明の継承と変容』（京都大学学術出版会）、訳書に『ビザンツ　驚くべき中世帝国』（J. ヘリン著、監訳、白水社）、『ビザンツ帝国　生存戦略の一千年』（J. ハリス著、白水社）などがある。ほかに共著・論文多数。

人文学のフロンティア
大阪市立大学人文選書　3

私もできる西洋史研究―仮想（バーチャル）大学に学ぶ―

2012年 5 月20日　初版第 1 刷発行
2018年10月10日　初版第 2 刷発行

著　者　井上浩一

発行者　廣橋研三

発行所　和泉書院
大阪市天王寺区上之宮町 7 - 6（〒543-0037）
電話 06-6771-1467／振替 00970-8-15043

印刷・製本　遊文舎
ISBN978-4-7576-0622-7 C0320

ⓒ Koichi Inoue 2012 Printed in Japan
本書の無断複製・転載・複写を禁じます

大阪市立大学人文選書

1	増田繁夫 著	源氏物語の人々の思想・倫理	1800 円
2	栄原永遠男 著	万葉歌木簡を追う	1800 円
3	井上浩一 著	私もできる西洋史研究 仮想(バーチャル)大学に学ぶ	1800 円
4	中川 眞 著	アートの力	1800 円
5	小田中章浩 著	モダンドラマの冒険	1800 円
6	中才敏郎 著	ヒュームの人と思想 宗教と哲学の間で	1600 円
7	伊藤正人 著	京町家を愉しむ 行動建築学から見る町家の再生と暮らし	1200 円

（価格は税別）